提问诸子丛书　黄坤明　主编

提问庄子

寂寞人生　逍遥大鹏

郭志坤　陈雪良　著

上海人民出版社

图书在版编目(CIP)数据

提问庄子/郭志坤,陈雪良著.—上海:上海人民出版社,2017
(提问诸子丛书/黄坤明主编)
ISBN 978-7-208-14252-7

Ⅰ.①提… Ⅱ.①郭… ②陈… Ⅲ.①庄周(约前369-前286)—人物研究 Ⅳ.①B223.55

中国版本图书馆CIP数据核字(2016)第303132号

出版统筹 孙 瑜
责任编辑 王继峰
装帧设计 范昊如

·提问诸子丛书·
黄坤明 主编
提问庄子
郭志坤 陈雪良 著
世纪出版集团
上海人民出版社出版
(200001 上海福建中路193号 www.ewen.co)
世纪出版集团发行中心发行 上海中华印刷有限公司印刷
开本 720×1000 1/16 印张 10.75 插页 4
2017年1月第1版 2017年4月第2次印刷
ISBN 978-7-208-14252-7/B·1233
定价 58.00元

总　序

黄坤明

读诸子百家书，发觉古贤的思维模式有一个显著特点：善于提问。“孔子入太庙，每事问。”（《论语·八佾（yì）》）这个典故是人们熟知的。说孔子来到祭祀周公的太庙，提问频率之高，问题触及面之广，使亲历其境的人们感到惊异：都说孔子知礼，怎么还提问不断呢？面对发问，孔子的回答既简洁又精彩：“是礼也！”其意是讲，我是个善于提问的人，善于提问才使我真正知礼啊！这是发生在孔子早年的事。“三十而立”后的数十年间，无论是教学弟子，还是答问友朋，或者与列国君臣周旋，孔子都喜欢用提问的方式来探求真知。在诸子中，孔子的影响是最大的，用司马迁的话说，是“学者宗之”的。正因为如此，孔子倡导的提问式思维模式影响了一代又一代文人墨客，成为中华文化的好传统。

提问对人来说真是个奇妙的东西，它会使人兴奋，使人坐卧不安，使人有索解的欲望，使人有不倦的探求精神。一个问题解决了，又会有新的问题产生。任何一个人都永远生存于提问和被提问之中。我们完全可以这样说，提问是驱动思想发展的真正的“永动机”。

我们常说，理论始于问题，科学始于问题，我们又何尝不可以说，学习始于问题呢？

我们常说，提出问题往往比解决问题还要难，其价值也往往更大。善于提问，敢于提问，正是孔子等先哲留给我们的一份极为珍贵的遗产。

我们着手策划这套有关前贤先哲的丛书的时候，孔子等先哲倡导的

“提问”思维模式一下激活了我们这些后学的思维。先哲们的思想是不朽的。为何不把先哲请到“前台”进行访谈呢？他们的身世如何？他们是怎么生活和学习的？为了传播学说，他们又是怎样远行千里的？说是学习，他们有没有实际意义上的课堂？他们手里捧着的又是何种意义上的“书本”？他们四处游说的学术主旨是什么？……甚至他们穿的服饰、吃的食品、驾的车辆都会在我们的心头形成一个个有情有趣、有滋有味的问题。

有鉴于此，我们将这套丛书取名为“提问诸子丛书”。这里有跨越时空的对话、通俗流畅的语言、富含哲理的剖析、见解独特的解说、图文并茂的装帧、考之有据的典章、实地拍摄的文物图片。我们所做的一切，都是冀望读者能喜欢这套独具特色的图书。

2010年春于杭州

目　录

前 言

“儒道互补”。在先秦，儒有孔孟，道有老庄。孟轲私淑孔门，严守孔道，且多有发明，言其“醇乎醇者”，并不过分。庄子虽师承老子，大谈绝圣弃智，鼓吹无为而治，而其气质与老子有所不同。老子的“虚无”总体上是一种经天纬地的大气，而庄子的“虚无”中时时会透出一种迷惘和无可奈何的哀叹。老子的“无为”是顺应自然的达观，而庄子除了同样表示要顺应自然外，较多的是对现实生活的愤慨，其中还有对自己的终生无所作为的精神胜利式的自慰，对生命的梦幻式的描绘。有学者认为，如果老子是中国第一等的“智慧圣人”的话，那么庄子可算是一个“逍遥哲人”了。他鼓吹的超尘脱俗的“逍遥游”，虽说有逃遁现世的成分存在，但更多地表明了他对自由、平等的极度向往和追求，他是冀望于现世之外寻找自己的“逍遥”王国。

庄子是个大明白人。面对污浊的尘世，他知道该怎样自处。他把自己安顿在出世与入世交界的微妙境地。他不时为生民的苦难发出感叹，在这点上，他是完全入世的。他追寻梦的世界、鬼的世界、神仙的世界，用梦话、鬼话、神话来著述，这点上，他又是出世的。他是在出世与入世的交界线上出神入化地游弋、盘桓。他说的，他书中写的，好多都是大实话、明白话，让人们对人世、对生命、对生活有所顿悟。他对权贵的蔑视，对贪得无厌者的警示，对金钱、美色、地位的淡然，对人世的彻悟，对生死的达观，其性情及认知上的恣肆汪洋，不只孔子做不到，就是老子也难以企及。这些无疑将给世人以永久的沉思，对中华文化的影响也是巨大的。

庄子为世人塑造的逍遥翱翔在九万里长空的大鹏，成为追求自由人生的永远的象征。他花费大量笔墨描绘的博大真人，是他心目中理想的人，给世人以一种超凡脱俗的新气象。一部洋洋洒洒、气象万千的《庄子》，更是以清新的文笔、奇异而独特的想象，影响远及几千年。

第一章 寂寞人生

庄子寄身于大起大落、大争大斗的战国时期，但世人对其人其事，可以说一无所知，其祖籍何处、出生于何年何月、平生行踪、有无子嗣，后人众说纷纭，无一定论。

在那个百家争鸣的大时代，庄子以其特立独行、怪异荒诞闻世，其人的寂寞落魄，在当时的诸子中是罕见的。他一生贫困潦倒，始终是个不起眼的“小人物”。他好说大话、怪话，被人们视为奇谈怪论。“大而无用，众所同去也。”“同去”，就是共同抛弃和去除，就是说，谁都不愿相信他那一套。当然，他的终生寂寞落魄，也使他有较多的时间和精力去思索他所处身的那个世界，去叩开现实世界和梦幻世界的神秘之门，进而去探究人生的真谛。也许，庄子的一切均显得虚无缥缈，唯有一部《庄子》是实实在在的，我们可以从该书大大小小两百多则寓言故事中，隐约钩稽出其生平的某些蛛丝马迹。

一问庄子

在后世的人们看来，您同老子一样，是一个异常神秘的人物，似乎什么都不想告诉别人，什么都不想给后人留下。请问，您为何要苦心经营这样一种个人的神秘氛围呢?

稷下学宫遗址

稷下学宫曾容纳了当时“诸子百家”中的几乎各个学派，其中主要的如道、儒、法、名、兵、农、阴阳等诸家。兴盛之时，汇集了天下贤士多达千人，其中著名的学者如孟子、淳于髡、邹衍、田骈、慎到、接舆、季真、环渊、彭蒙、尹文、田巴、儿说、鲁仲连、邹奭、荀子等。史书未有庄子到此讲学的记载，不过前来的道家人士大有人在。

庄子：我何曾苦心经营这样一种神秘氛围呢？实际上，是时代和社会造就了我这样一个人物，是我个人的生活经验和阅历使我自然而然地步入与众不同的神秘之途的，说不上什么别具匠心的自我经营的问题。我与同时代诸子百家的那些人物不一样，他们或周旋于王家，或论道于学宫，或活跃于士林，而我呢，也许是个性使然吧，既没有去某一贵族家中当过一天的幕僚，也没有到当时著名的稷下学宫去讲过一次学，除了与同为思想家的惠施有过一段不俗的交往外，我基本上与士林人士绝缘。就我的一生而言，我实在是个不起眼的“小人物”。在我死后的相当长一段时间里，我也一直默默无闻。人们对我和我的学说感兴趣，那是我死后数百年，至少是魏晋南北朝时的事了。正因为中间有那么长的一段社会认知断层，所以人们把我当做一个比老子更神秘的人物来看待也就不奇怪了。

我再说一句，我的所谓神秘感，是时代造成的。一个“小人物”写了那么厚厚的一部书，讲的又是与世俗相悖的话，尔后又被埋没了近千年，怎么会不让人感到“神秘兮兮”呢？

老子像

您说您的神秘色彩是时代造成的，当然是有一定道理的。但是，应该承认，您的神秘感除了时代的因素之外，也有您个人的因素。您不是连具体的生卒年月都不愿给世人留下吗？

司马迁像

司马迁，西汉伟大的史学家、思想家、文学家。他在《史记》中说："(庄子)作《渔父》《盗跖》《胠箧》，以诋訾孔子之徒，以明老子之术。"(《史记·老子韩非列传》)这说明庄子学派与孔学有矛盾，而一脉相承于老子之学。

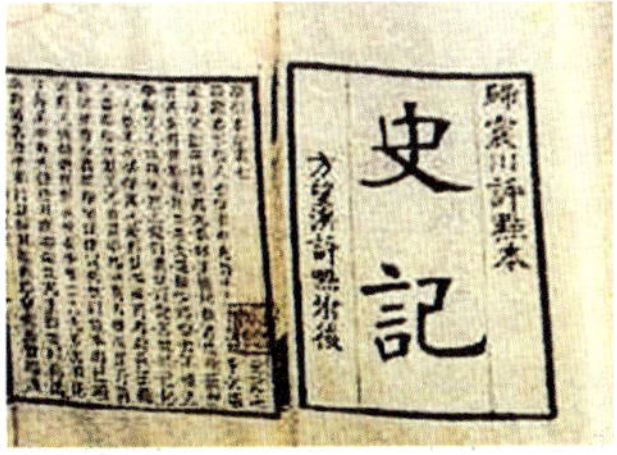

《史记》书影

《史记》记载了上自中国上古传说中的黄帝时代，下至汉武帝元年，共约三千年的历史。司马迁在《史记·老子韩非列传》中说："(庄子)其学无所不窥，然其要本归于老子之言。故其著书十余万言，大抵率寓言也。……善属书离辞，指事类情，用剽剥儒、墨，虽当世宿学不能自解免也。"

庄子：为何一定要给世人留下那么具体的生卒年月呢？我早就说了，"物之生也，若骤若驰"。(《庄子·秋水》，以下凡引《庄子》诸篇，只注篇名)一切事物的存在，都像野马急驰而去一样，一下就过去了，那原本是很自然、很平常的事，有什么值得大惊小怪的？为何非要将生于何年、卒于何月稽考得清清楚楚呢？人生就是那么几十年，最多就是百岁吧，为何定要告诉别人自己某年某月生，某年某月死呢？在我看来，那是没有多少意思的。就是告诉了别人，古往今来，又有几人能被记住呢？

当然，如果后人一定要知道我生卒的大致时间的话，也不难。司马迁不是在《史记》中告诉大家我与梁惠王、齐宣王同时代吗？前者在位时间是公元前370年至公元前335年，后者在位时间是公元前319年至公元前300年，这至少有七十年的时间跨度。有人再综合一些其他资料，说我大致与这两位君王同时代，大约活了八十来岁，大致就是这么一个情况吧。我看，像我这样的人，后人知道这些也就够了。

司马迁在有关您的传中说:“庄子者,蒙人也。”这似乎确定了您与“蒙”地的关系。一种说法是“蒙”“属梁国”,那就在今山西地区了。另一种说法是“庄子是宋之蒙人”,那就在今天的豫东和鲁、苏、皖交界的地域了。第三种说法是“蒙”在陈地,那就在宋国南面一点的地方了。第四种说法,说“蒙”地就是今天安徽的蒙城县一带。先生,您是当事人,还是由您来澄清一下吧。

庄子:如果一定要我“归宗认祖”的话,我倾向于安徽蒙城县。《史记·老子韩非列传》记载了这样一件事:楚威王闻庄周贤,派使者持重金去请,并许以为相,我不为所动,笑辞楚使,终身不仕。张守节《史记正义》也曰:“庄子钓于濮水,楚王使大夫二人往先焉,曰:‘愿以境内累矣。’庄子持竿不顾。”据《水经注·淮水篇》记载:“濮水即沙水之兼称。”而当年沙水即流经今安徽涡阳、蒙城一带。北宋元丰元年(1078年),曾在安徽蒙城县建庄子祠,苏轼为之作《庄子祠记》,当时王安石的《蒙城清燕堂》诗有“民有庄周后世风”之句。后人有这么多的作为和论说,我也不能有悖议。既然安徽蒙城县有庄子祠,那么我的故里就该在此。至于其他一些被称为“蒙”的地域,也被人认为是我的家乡,那也没什么。只要言之有据,又有利于弘扬民族传统文化,我就是多有几个故乡,也是没什么坏处的。

《庄子祠记》照壁(庄子祠)

苏轼曾说:“今见《庄子》,得吾心矣!”从中可窥见苏轼写下《庄子祠记》的情结。

《庄子祠记》残碑

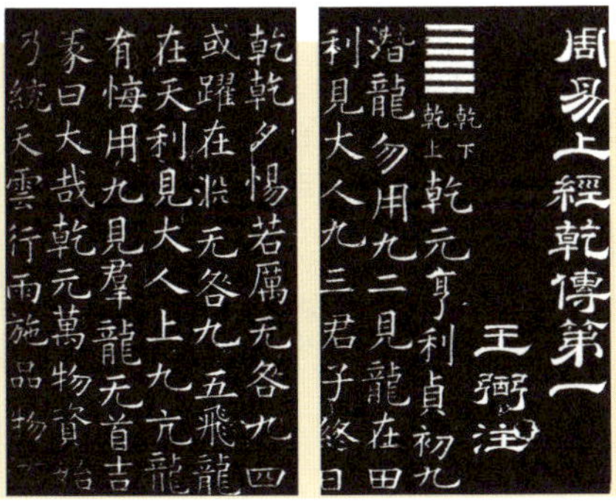

《周易》拓片

庄周的思想是与《易经》相通的。有学者认为,《易经》的“蒙”卦与庄周的蒙城有某些关联。

这里我想提一个人们从来没触及过,但实际上相当有学术价值的问题:蒙地的“蒙”字是早就有的呢,还是因您而得名?

庄子: 我觉得,这个问题提得很好。在我的出生地,我也算是个小小的名人吧。就学术流派而言,我无疑是个朦胧派文化人,我把世间之事看得比较淡,我主张为人处世应该糊涂一点,这正暗合了一个“蒙”字。我的思想与《易经》相通,《易经·蒙卦》中说“蒙以养正,圣功也”。没有“蒙”的阶段,哪里会成就得了“正”?有了“蒙”,才养育了“正”。我认为,社会混沌到了这样的地步,又争又斗又动荡,到了那样的状态,如何救世?我认为,人们只有回复到童蒙时代的那种纯真、朴素,才能成就“圣功”。我在我的故乡,一直在宣传这样一种“蒙学”,人们听得多了,也就认可了这个“蒙”字,久而久之,人们也就把我的出生地称为“蒙”了。这样解说,虽然有点儿想当然,但也合乎情、顺乎理。清代有一位诗人曾写了一首关于我的诗,其中就有“快哉《逍遥游》,蒙庄真达生”两句。把我称为“蒙庄”,不正是“蒙”地因我而名的佐证吗?

庄子祠(蒙城)

您的解释是有相当道理的。我们记得您在《齐物论》中说过:“人之生也,固若是芒乎?其我独芒,而人亦有不芒者乎?”这里的“芒”,与“蒙”同音同义。您用的是设问句式,这句话的大致意思是:人生下来,原本就是蒙昧的吗?是“我”一个人蒙昧吗?难道说世间有不蒙昧的人吗?很清楚,您的意思是,世间的人都在蒙昧之中,需要有一个启蒙、发蒙的过程,这种“蒙论”的发源地在您的故乡,于是人们就将您的出生地定名为蒙地了。我们这样理解,是否恰当?

庄子:很有道理。上面已经说到了,我笔下的“蒙”字大致上与《易经·蒙卦》中的“蒙”意义差不多。其意思大概是:其一,“蒙”是指一种社会的现实状况,也就是我在《齐物论》中说的,人们是被外物的欲求“蒙”住了,“终身役役而不见其成功”。“人谓之不死,奚益?”你就是长生不老,又有什么好处?其二,“蒙”指的是一种对受蒙蔽人的解脱,也就是我们常说的发蒙、启蒙。要从日常的是是非非之中跳出来,把握“道”的关键,以求得真正的人生自由。其三,“蒙”又有返璞归真的意思。我与老子一样,认为人只有回复到纯真的孩提时代,才算是真正的得道了。人们认同我的出生地为“蒙”,也许没想得那么全,但大致的意思是有的。

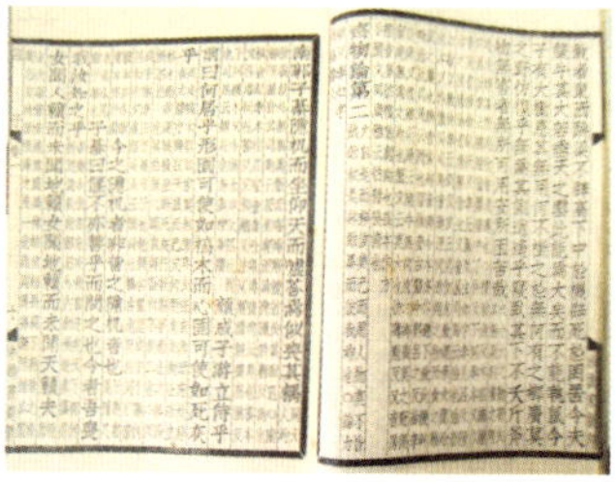

《庄子·齐物论》书影

在《齐物论》中,庄子提出了“方生方死,方死方生,方可方不可,方不可方可”的“蒙”观,值得人们深思。

庄周圣陵

据我们所知，在古代，这个“蒙”字又可与“梦”字相通。读您的《齐物论》，短短的一段文字中，您连说了十二个梦字，不妨把这段奇文照录于此：“梦饮酒者，旦而哭泣；梦哭泣者，旦而田猎。方其梦也，不知其梦也。梦之中又占其梦焉，觉而后知其梦也。且有大觉而后知此其大梦也。而愚者自以为觉，窃窃然知之。君乎，牧乎，固哉！丘也，与女皆梦也；予谓女梦，亦梦也。是其言也，其名为吊诡。万世之后，而一遇大圣知其解者，是旦暮遇之也。”这段话实在太精彩了，但因为是文言文，许多人怕是难以读懂，请给我们翻译一下如何？

庄子雕像

庄子：可以的。这段话大致的意思是：晚上梦见饮酒自乐的人，天亮醒来后很可能悲伤哭泣；晚上梦中哭泣的人，天亮醒来后又可能在追逐打猎。当他们在做梦时，并不知道自己是在做梦。有时还在梦中占问所做梦的吉凶，醒来后才知道那只是大梦一场。只有大彻大悟之后，才会知道人生不过是一场大梦。但一些愚蠢的人总自以为已经觉悟了，心中窃然自喜，以为人生的大道都已知道了。什么君王啊，什么高官啊，都浅薄得很！我看你们啊，还都在做梦呢！当然，我说你们在做梦，其实我自己也难以摆脱种种梦境呢！这一番话，可谓是奇特的大怪话。万世之后，如果遇到一个大圣人，他才是真正的解梦者。这样的大圣人总有一天会遇到的。——你们看，这段类乎梦话的话，不正是世情的写照吗？我说的解梦的大圣人是谁，你们该清楚了吧！

庄子祠内景（蒙城）

清楚了，清楚了！用孔子的弟子赞扬孔子的话说，那叫“夫子自道”，那解梦的大圣人，不正是您庄周先生吗？说“万世之后”不过是虚晃一枪罢了。我们特别感兴趣的是最后说的“知其解者”那句话，不过您说“知其解”，我们却还是不知道“解”在何处，请先生明示。

庄子雕像

庄子：你们说那个美国学者的《人类梦史》没把我的资料收集进去是一个大的失误，我看也不见得，他不收是有道理的。在我看来，那位美国人不是因为不了解我而不收录我的资料，而是太了解我所以不收录我的资料。应该说他做得对。那个美国人说的“梦”，是实指人们晚上睡觉时做的梦，即“日有所思，夜有所梦”的那种梦。他研究的对象是人的一种生理现象。而我说的“梦”，就不是那么回事了。我说的是人们的“白日梦”、社会生活梦。人们整天在那里忙忙碌碌，你争我斗，尔虞我诈。有的在争斗中胜利了，就兴高采烈；有的在争斗中失败了，就垂头丧气，甚至为此殒命。我要在这里对着世人大喝一声：不管你是在打猎也好，在饮酒作乐也好，在伤心哭泣也好，你们都是在做梦！做白日梦！“方其梦也，不知其梦也！”（《齐物论》）这是人世间最大的悲哀，明明是在做梦，但不知晓也不承认是在做梦！我要对世人当头棒喝！我要提醒这些“方其梦也，不知其梦也”的人。

庄子祠内雕像

庄子雕像

我们反复阅读您的大作后，有一个感悟，觉得您说的种种梦境，既是对人们生活的勾勒和写照，又是对自己灵魂的剖析和写照。看来您表面上是说世人之梦，实际上是在说您自己的梦的历程。简单地说，您是在以一个过来人的身份解说人生之梦，对不对?

庄子：对的。我在文中不是说了吗，“予谓女梦，亦梦也！”“予”就是“我”。“女”就是“你”“你们”。其意思是说，我说你们都是在做梦，我自己也在做梦啊！我的梦是有着一个长长的历程的。早年，我也曾努力过、奋斗过，也曾有过很多梦想，随着生活阅历的增加，才有了“觉”和“悟”，才懂得了人生原是一场梦这个道理。这个历程也正好浓缩了世人的梦境，因此显得特别有价值。我正是凭借着对梦的历程的反思，砥砺我的思维的。

庄子祠内景

这使我们想起了尼采说的一段话，他认为，人的梦境（思想）有三变，即由骆驼变为狮子，再由狮子变为婴儿。林语堂认为，在庄子的鲲鹏寓言中，实际上也象征性地说到了人的梦境三变。这种体现在鲲鹏身上的梦境三变，实际上说的还是您自身的梦境三变，这样理解可以吗？

尼采像

陈鼓应在《老庄新论》中说："尼采说，人的思想有三变，由骆驼变为狮子，再由狮子变为婴儿。庄子的鲲鹏寓言也象征着人的精神变化的一个过程。由鲲到鹏，鲲的深蓄厚养和鹏的高举之志，预示着'内圣外王'的理想过程。"

庄子：尼采说得太好了。人的梦境就是这样转变的：先是当"骆驼"，忍辱负重，积蓄力量，充满梦想和幻境；然后当"狮子"，勇猛奋进，又不断碰壁，不断反思；最后大彻大悟，进入自由自在的"婴儿"境界。由北冥之鱼，一点点长到"不知其几千里"的鲲的过程，是充当"骆驼"的过程；大鹏不甘寂寞，"怒而飞""扶摇而上九万里"的历程，就是"狮子"奋发有为的过程；最后自由自在地"适于南冥""以游于无穷"，就是完美的"婴儿"状态了。众所周知，我年轻时最初是学儒术的，后来在生活中一次又一次地碰壁，最后觉悟了，这才进入大彻大悟的"婴儿"状态。有的学者把我的著作看成是处于"婴儿"状态的自由放任的啼哭声，那样理解我的思想挺准确，也挺传神。

庄子祠观鱼台

谁都有过人生之梦。当代伟大的科学家霍金说:“没有梦的人生,是不完整的人生,对我来说是不可想象的。”而您似乎恰恰相反,您对人生之梦是持批判的态度的,是不是这样?

霍金像

霍金是当代伟大的科学家之一,他肢体残疾,难以行动,可毅力坚强。他说:“正是人生之梦,支撑了我的人生旅程。”

庄子: 错了。从根本上说,我是在解析人生之梦的前提下,提升人生之梦的质量的。“方其梦也,不知其梦也。”人在初梦阶段,是把梦当做一种追求来看待的。对大多数人来说,“梦饮酒者,旦而哭泣”。我也做过这样的梦。我所说的“饮酒”之梦,追求的是一种生活的富足、安康、享乐,除了衣食充足之外,还有酒喝,那实在是美梦一场了。但是,醒来面对的现实却令人伤心落泪。梦境与现实的反差,会使人产生悲凉痛苦的心理。不少人是在为自己的美梦破碎“旦而哭泣”。面对美梦,人们的心理是很不相同的。

那么,有哪些不同的心理呢?一种是执迷不悟型的。失败了,再干,决不回头。这就是我在文中指出的“梦之中又占其梦焉”的那些人。这些人一辈子就是在做梦。另一种是碰了几次壁以后,自以为觉悟了,其实没有真正达到“觉”的程度,还是“俗”得很,俗不可耐。一有机会,他们还是要追逐声色犬马之乐。我最推崇的是“大觉而后知此其大梦也”。

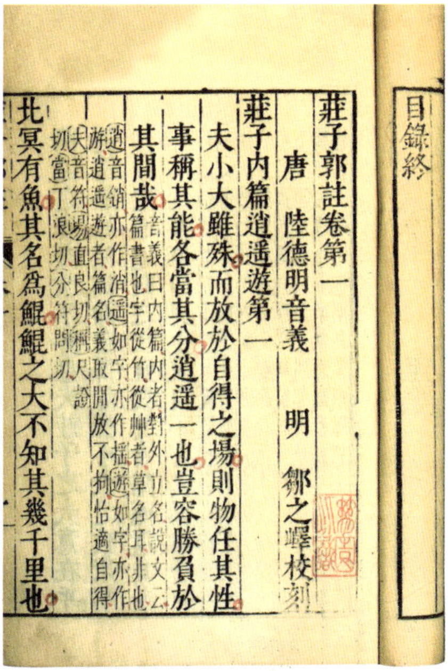
目錄終
莊子郭註卷第一
唐 陸德明音義 明 鄒之嶧校刻
莊子内篇逍遥遊第一
夫小大雖殊而放於自得之場則物任其性事稱其能各當其分逍遥一也豈容勝負於其間哉
音義曰内篇内者對外立名說文云篇書也字從竹從艸者草名耳非也
逍音銷亦作消遥如字亦作搖遊如字亦作游逍遥遊者篇名義取閒放不拘怡適自得
夫音符鵬直良切稱尺證切當丁浪切分符問切
北冥有魚其名爲鯤鯤之大不知其幾千里也

《庄子》书影

在诸子中强调“人生如梦”的,唯有庄子。荀子、墨子都说到过梦,但他们没有把人生与梦等同起来,而庄子则从“齐物论”出发,认为人生就是一梦。所谓“方其梦也,不知其梦也。梦之中又占其梦焉,觉而后知其梦也。且有大觉而后知此其大梦也”。

依您看，怎样才能达到“大觉而后知大梦”的境界呢？

庄子像

庄子是“游戏人生”的最早倡导者，在《庄子》一书中有五十余处用了“游”字，其中最经典的提法是：“游于无穷”“游乎四海之外”“游乎尘垢之外”“游心乎德之和”“登天游雾”。庄子强调的不是“游身”，而是“游心”。

庄子：那不是件简单的事，最重要的是得摆脱世俗易患的那种“失性”的状态。请注意，我在《庄子》中常将“性”写成“生”，意思是说，“性”是“生”来就有的，是人的一种原生态，这种与生俱来的“性”，本质上是一种大觉之“性”，可是人在一定社会条件的影响下会“失性”。我说过：“夫失性有五：一曰五色乱目，使目不明；二曰五声乱耳，使耳不聪；三曰五臭熏鼻，困惾中颡；四曰五味浊口，使口厉爽；五曰趣舍滑心，使性飞扬。此五者，皆生之害也。”（《天地》）只有去除了这五色乱目、五声乱耳、五臭熏鼻、五味浊口、趣舍滑心五个方面的“乱”，那才谈得上走上“大觉”之途。当然，这只是“大觉”之始，离真正的大彻大悟、大知大觉还差得远呢！

《庄子·天地》书影

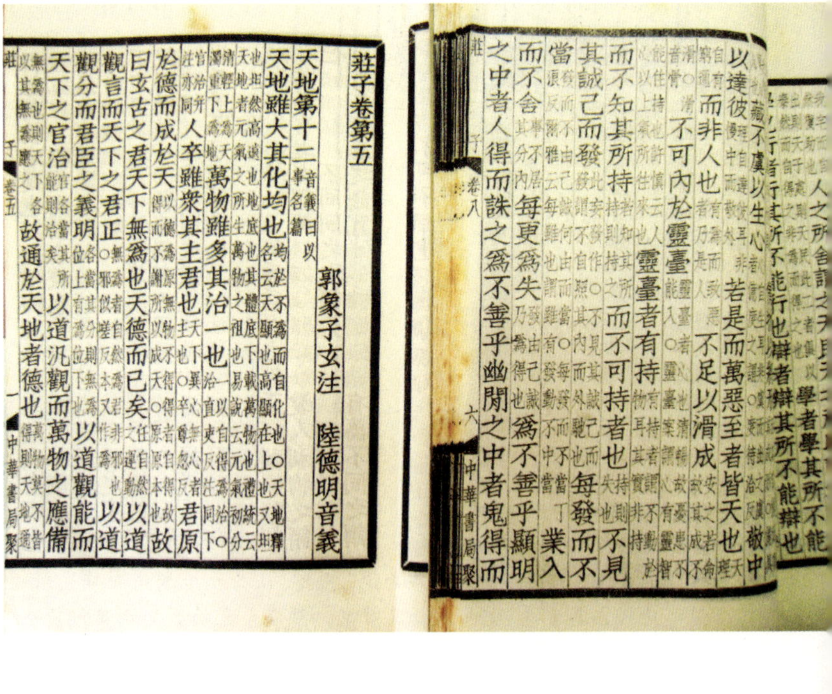

莊子卷第五

郭象子玄注　陸德明音義

天地第十二

天地雖大其化均也　萬物雖多其治一也　人卒雖衆其主君也　君原於德而成於天　故曰玄古之君天下無爲也天德而已矣　以道觀言而天下之君正　以道觀分而君臣之義明　以道觀能而天下之官治　以道汎觀而萬物之應備　故通於天地者德也

您还说过，真正的“大觉”在于“忘己”，只有一切都不是从一己之私利出发的人，才算是大彻大悟的人，他的生活才是真正自由自在的。您说：“忘己之人，是之谓入于天。”“至德之世，民如野鹿。”（《天地》）对此，您能作些解说吗？

辛弃疾像

辛弃疾，南宋诗人。他对于老庄思想表现出极大的兴趣，自称“案上数编书，非庄即老，会说忘言始知道。万言千句，不自能忘堪笑”（《感皇恩》）。据学者统计，其著作中与庄子相涉者，词有七十二首，共一百一十处，诗有十七首，仅此足见庄子对辛弃疾的影响之深。

庄子： 这里是两句话。第一句是说，一个人只有精神境界达到忘己的程度，他的所作所为才可能是符合天道的。所谓“入于天”，就是进入天道的运行轨迹。这里说的天道，也就是自然之道。“忘己”的人有自然之性，自然之性是符合自然之道的。第二句话是说，当你达到这样的境界时，你才真正获得了自由。家养鹿被圈在那里，它是不会有自由的，而野鹿却不是这样，它非常自由。“民如野鹿”，我认为这是个很有意义的比喻。“鹿”在中华文化中是象征吉祥的动物，而它的真正吉祥之处在于其野性，即自然之性的恢复。当民众恢复了“野鹿”般的天性以后，才能算是大觉了。

庄子像

“独来独往”是庄子的一种人生境界。这里的“来”与“往”，不是儒家的人际往来，而是“独与天地精气往来”。别人都到不了这个境界，而庄子达到了这个境界，这是一种自由，一种荣光。他愿做一个“栖之深林，浮之江湖”的高人。

您写过一则《庄周梦蝶》的著名寓言，还有许多其他关于梦的寓言。有人认为您的“梦说”寄寓的是一种悲观主义情怀，而我们细读您的作品之后，觉得您更多的是在阐发人生自由的思想，是这样吗？

庄子：可以这样认为。我在《齐物论》的末尾写道：“昔者庄周梦为胡蝶，栩栩然胡蝶也。自喻适志与！不知周也。俄然觉，则蘧蘧然周也。不知周之梦为胡蝶与？胡蝶之梦为周与？周与胡蝶，则必有分矣。此之谓物化。”这则寓言讲的是，我夜里做了一个梦，梦中觉得自己成了一只翩翩起舞的蝴蝶，在醒来后产生了一种混沌的感觉：是自己变成了一只蝴蝶呢，还是蝴蝶变成了自己？我与蝴蝶是有本质区别的，这就叫做物我的交合与变化。这中间的寓意是十分深刻的，一般人解释为“人生如梦”，那当然也对。但从深层次考虑，我要说的还是人的自由。我为何不把自己“物化”为其他东西，而专门选择“周之梦为胡蝶”？只因为蝴蝶是自由飞舞的象征物，它四处飞舞，自由自在。这是我向往的一种理想的生活状态，这也可以说是我晚年生活的真实写照。虽然没有名，没有利，过着十分清苦的生活，但我的生活自由自在，这中间的快活，是难以名状的。

庄子像

“庄周梦蝶”的故事，举世皆知。古诗有“借问此何时？胡蝶飞南国”之句。庄周为南国人，竟梦为北国之大蝶，岂不有趣？蝴蝶飞舞在花丛之中自由自在，与庄周“逍遥游”的思想暗合。后人也每每以“梦蝶”比喻人生。

梦蝶楼匾额

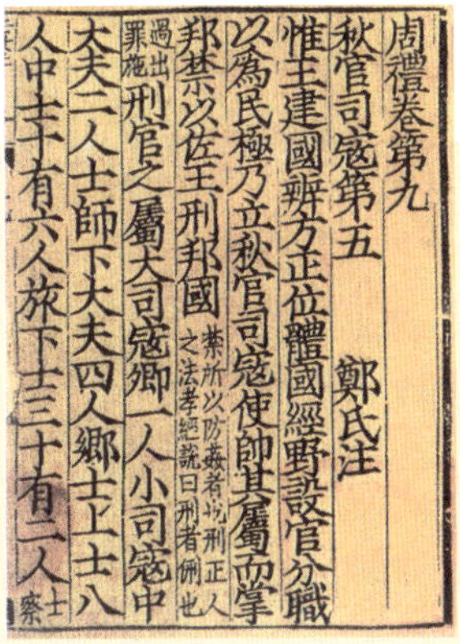
周禮卷第九
秋官司寇第五　鄭氏注
惟王建國辨方正位體國經野設官分職以爲民極乃立秋官司寇使帥其屬而掌邦禁以佐王刑邦國　禁所以防姦者也刑正人之法孝經說曰刑者侀也過出罪施　刑官之屬大司寇卿一人小司寇中大夫二人士師下大夫四人鄉士上士八人中士十有六人旅下士三十有二人　士察

《周礼》书影

有学者戏称阿Q是您的子孙。您一定知道，鲁迅在写《阿Q正传》时说，阿Q平生的一切都显得朦胧，唯有那“阿”字是明白无误的。对您来说，除了姓“庄”明白无误外，名“周”也是没有争议的。中国人起名讲究文义，不知您以“周”为名与孔子“郁郁乎文哉，吾从周”的“周”有无关联?

庄子： 我明白地告诉你们，两者之间没有一点关联。孔子一心想恢复周礼，把周代的社会视为至善至美的社会，而我对此一点儿也不感兴趣。我虽然生活在东周时期，但我对这个社会简直视若无睹，在我的书稿中，甚至没一处提到过这个王朝。我取名为“周”，那是另有深意的。“周，极也。”我所说的“周”，大致上是“终极”的意思。我全部的所思所想、所作所为，都是在追求人世、天地、宇宙的终极之理，也就是天地大道。世人说我好讲“大话”，我在追求终极之理，岂能不“大”？比如上面说到的人生的大境界、大自由，追求的就是一个无处不在的“大”字。

《孔子见老子图》(汉代碑刻)

山东嘉祥出土。绘刻孔子躬身，手捧一物，面对画面右方的老子如行礼状。老子亦俯身拄一曲杖，似在鞠躬还礼。榜书“孔子”“老子”于左右。画中间一髫龄儿童，有人说是“七岁项橐”。汉代画像石中，以孔子见老子为题材的画面众多，足见“孔老之会”影响之大。

您虽行止不出百里，一生主要在蒙地活动，可是您又是中国传统文化中的重要一翼“江湖文化”的首创者。对此，您能对我们说点什么吗？

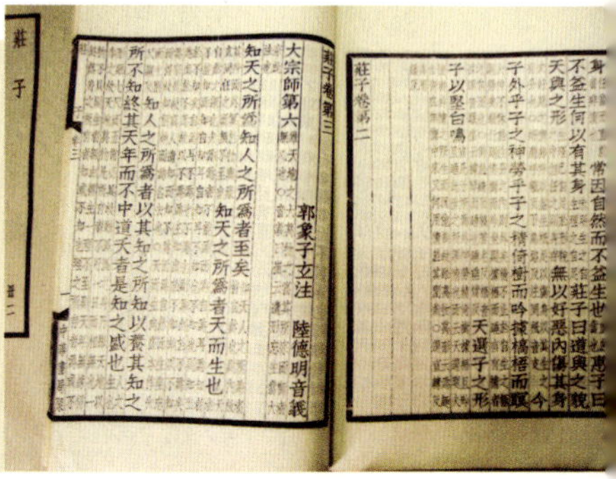

《庄子·大宗师》书影

《大宗师》一文为人们描绘了一幅惊心动魄的画面：当“泉涸”，也就是所有的鱼都失去水的滋养的时候，生命将会是何等岌岌可危！

庄子：说我是中国“江湖文化”的首创者，真没有错。我在《逍遥游》中说了一个寓言：梁惠王给了惠施一粒大葫芦的种子，惠施在自己家的院里种下，结出了一个五石重的特大葫芦。这么大的葫芦有什么用呢？放在家里，太占地方了。把它做成瓢，大而无当，“瓠落无所容”。我知道了以后，便告诉他说，你感到瓢大无所用，那是因为你的心被蓬草塞住了的缘故，不是可以利用它制成酒樽状的船去遨游五湖四海吗？我在《大宗师》中还讲了个泉水干涸情况下“鱼相与处于陆”的寓言，我的结论是“相濡以沫，不如相忘于江湖”。我提倡的“江湖文化”，是说人要有大胸怀、大境界。江湖文化的归结点在于“不如两忘而化其道”“鱼相忘乎江湖，人相忘乎道术”。（《大宗师》）就是说，只有化于大道，化于道术，人才能生活得自由、优雅和从容。这才是江湖文化的要旨所在。后世把江湖文化曲解为“江湖义气”，是完全有悖于我的本意的。

庄子像

把社会、人世称为“江湖”，这是庄子的一大发明。不把人世称为“山林”，而是称为“江湖”，这与中华文化本质上是水文化有关。在庄子看来，“浮于江湖”，比“遁入山林”更宽广、更自由。

西方有个大哲学家康德，终生在一个小城中度过，他一直行走在那条被称为“康德之路”的乡间小路上，不断思考，通过自己的刻苦学习和研究，写出了《纯粹理性批判》等多部体大思精的著名作品，这与您的际遇有很大的相似之处。在您退隐前，似乎绝大部分时日都在蒙地度过，您以“蒙”为基地，写出了洋洋十余万言的传世之作《庄子》。从这方面看，是不是可以说您是中国的康德?

康德像

康德的思想与庄子的思想有诸多共同之处，庄子在“虚静”之中，将主体融入自然，而康德却将主体置于社会中，不过他们都认为审美主体的审美精神是自由的。庄子以“游”表达，而康德则以“自由游戏”来表述。

庄子：康德其人，我一无所知，他比我晚出生两千多年，许多事不可同日而语。但你们说我一生的绝大部分时日是在蒙地度过的，倒不全对。我出生在蒙地的一个贫苦人家，后来读书也是在蒙地。当时儒学很有市场，儒生办学已深入民间，因此我初期学的是儒学。有的书上还说我曾拜某某儒学大师为师，那实际上只是一种猜想。一个穷人家的孩子，哪里拜得上名师？读了一阵子书后，为了生计，我就四处找事做。我曾织履度日，还在漆园里干过活，闲下来就到郊外去垂钓。壮年以后，我也去了一些地方，一则为了自适，也为了自娱，二则为了著述而四处考察，因而在好几个地方留下了我的活动足迹。因为我在其他地区也生活了一段不短的时间，那里也被冠以“蒙”之名了。当时，我写作完全是为了自娱，为了用文字表述自己的心志。像蒙地这样的小地方，当时能写些文章的人并不多，于是我也慢慢有了些虚名。如果有人说我一生的活动范围没有孔子、墨子那样大，那是对的，是实事求是的，但如果说我终生拘于蒙地，就不是事实了。实际上，我也是走了不少地方的。我向往“逍遥游”，如果自己从未“游”过，怎么写得出被世人称为“气势磅礴”的作品？从这点看，我又不太像那个康德。

庄子祠内的濮池

一七问庄子

司马迁在您的本传中说“周尝为蒙漆园吏”，因此后世的许多专家学者说您曾当过管理漆园的小官。这是事实吗？

俞樾像

俞樾，清末著名学者、文学家、经学家、训诂学家、古文字学家，学识渊博。他认为庄子为“蒙漆园吏”，系干事非官员。

庄子：这是一场误会，也是人们对司马迁文章的误读。把“吏”解读为“小官”是望文生义。我在漆园干过活，那是千真万确的。在《庄子》一书中，我多次提到过漆事，可见我是这方面的行家。中国很早就使用漆，中国的漆工艺、漆文化举世闻名。我作为一个文化人，关注漆业并不奇怪。但是，在那里干过，不等于就在那里当过官。在古文中，“吏”不只可通“官”，还与“史”“事”异字同义。我觉得，司马迁说我是“蒙漆园吏”，是说我是漆园的办事员，也就是工作人员。一个小小的漆树园，也要派一个当官的？说不通。再说，漆园一般为私人所有，哪里会派什么官员？事实上，我也无意仕途，绝不愿堕入尘俗，就是有官做我也不想去做呢！这在我的一些文稿中都有说明。

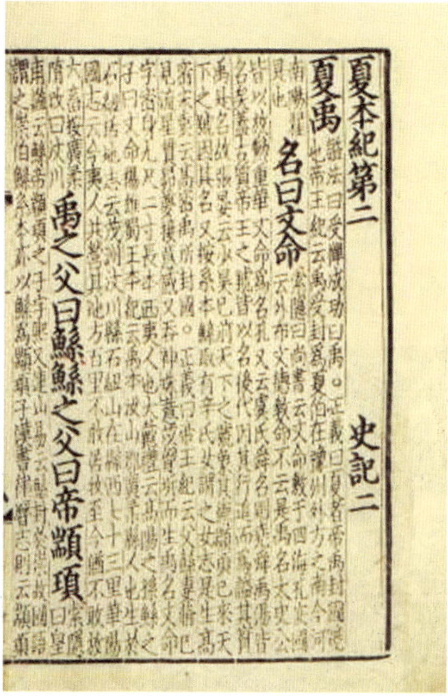

夏本紀第二　史記二

夏禹　名曰文命

禹之父曰鯀鯀之父曰帝顓頊

《史记》书影

怎么理解“漆园吏”一词？阎韬在《诸子群经》中说：“这应该是看守林园的职务，说不上是官。”流沙河则在《庄子现代版》中说：“庄子从来不官不僚，也不运动社会，他只躲在陋巷里著书，批评显贵的儒家，攻击污浊的社会，向往神秘的自然。布衣草鞋，糁汤野菜，物质贫困，精神自由，他是寂寞一生的大文豪，他的书安慰了历史上的失意文人。”

还有一点，很有必要讲清楚，您一生没有仕进的经历，是您自己不愿意当官呢，还是人家看不上您，不让您当官？

庄子雕像

庄子一生过着十分清苦的日子。他身居陋巷，以织草鞋为生，常饿得形容枯槁，面黄肌瘦，有时连温饱都解决不了，只得向人去借米。他是诸子中生活得最清苦的一个。可是，他以为那没什么，为了“以快吾志”，他心甘情愿。

庄子：两者都有吧！我是个穷困潦倒惯了的人，也是个闲散惯了的人。民间有句谚语：“当了三年乞丐，叫他去当皇帝老子都不干。”我就是那样自由自在、闲闲散散的人，哪里受得了官场那一套？上面说“庄周梦蝶”的时候，说到我认为人的自由是最可贵的。我一直坚持自己的观点，当了官就不自由了，因此我十分蔑视为官之道。再说，更主要的一个原因，我看不上当官的，而那些大大小小的王公大人也看不上我。我与司马迁的心是相通的，他说得好：“其言汪洋恣肆以适己，故自王公大人不能器之。”（《史记・老子韩非列传》）这里的“不能器之”，说得还是客气的，实际上是看不上我，怕与我这号另类的人接触。

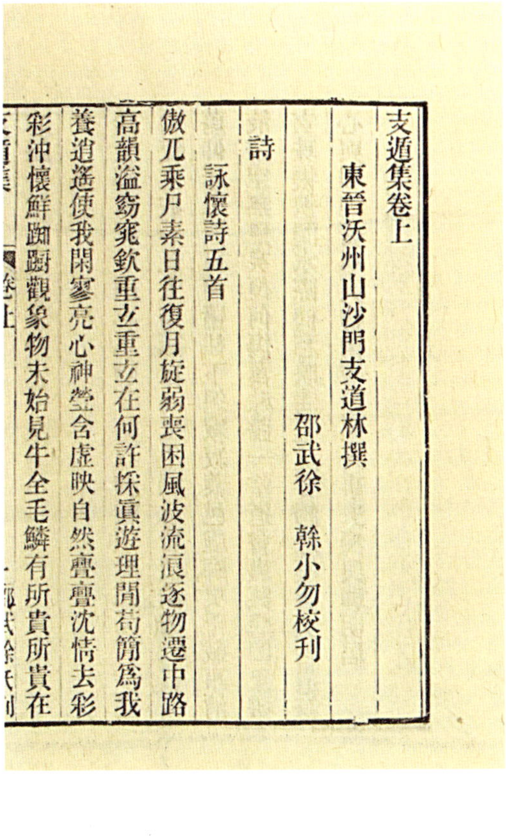

支遁集卷上

東晉沃州山沙門支道林撰

邵武徐　榦小勿校刊

詩

詠懷詩五首

傲兀乘尸素日往復月旋弱喪困風波流浪逐物遷中路
高韻溢窈窕欽重玄重玄在何許採眞遊理間苟簡爲我
養逍遙使我閑寥亮心神瑩含虛映自然亹亹沈情去彩
彩沖懷鮮踟躕觀象物未始見牛全毛鱗有所貴所貴在

《支遁集》书影

支遁，字道林，世称支公，东晋高僧，他精通老庄之说，佛学造诣也很深，在《庄子》的《逍遥游》篇注中，尤能独抒己见，认为庄子不求仕途，“知足”为上，对《逍遥游》之释，曾为当时名士王羲之等所欣赏。

您说王公大人都怕与您接触，可是，在《史记·老子韩非列传》中，不是记述着楚威王“使使厚币迎之，许以为相”的故事吗？如果真的怕与您接触，还会有这样的举动吗？

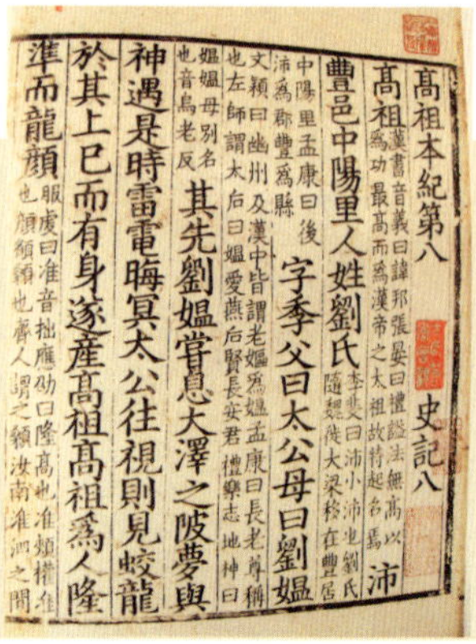
高祖本紀第八 史記八

高祖 沛豐邑中陽里人姓劉氏字季父曰太公母曰劉媪其先劉媪嘗息大澤之陂夢與神遇是時雷電晦冥太公往視則見蛟龍於其上已而有身遂產高祖高祖為人隆準而龍顏

《史记》书影（宋刻本，现存上海图书馆）

司马迁对庄子非常看重，在《史记》的《老子韩非列传》《孟子荀卿列传》《日者列传》中都提及庄子，对庄子提到的“君子之道”持肯定态度。

庄子： 这是对《史记》的误读，也是对我的误读。其实，司马迁说的楚威王“许以为相”的故事，转抄自我《秋水》篇中的一则寓言故事。我的寓言故事是编到哪里算哪里的，只要能表达我的思想就可以，不一定实有其事。事实上，楚威王以厚币迎我为相的事，完全是子虚乌有的。楚威王在位有十一年之久，如实有其事，司马迁在《史记·楚世家》中为何对此事不著一字？在这则寓言里，我只是表达“我宁游戏污渎之中自快，无为有国者所羁，终身不仕，以快我志焉”的心志。我想再强调一遍，那则寓言故事是我编造出来的。在《庄子》中，我编造的寓言故事有二百多则。在《田子方》中，我还说我见过鲁哀公，可是鲁哀公是先我一百二十多年的人，我在世时他早已经去世了，我说“庄子见鲁哀公”，谁信了，谁就上当了。寓言只能当寓言来读，不能当真，更不能当做历史来读。

《庄子·田子方》书影

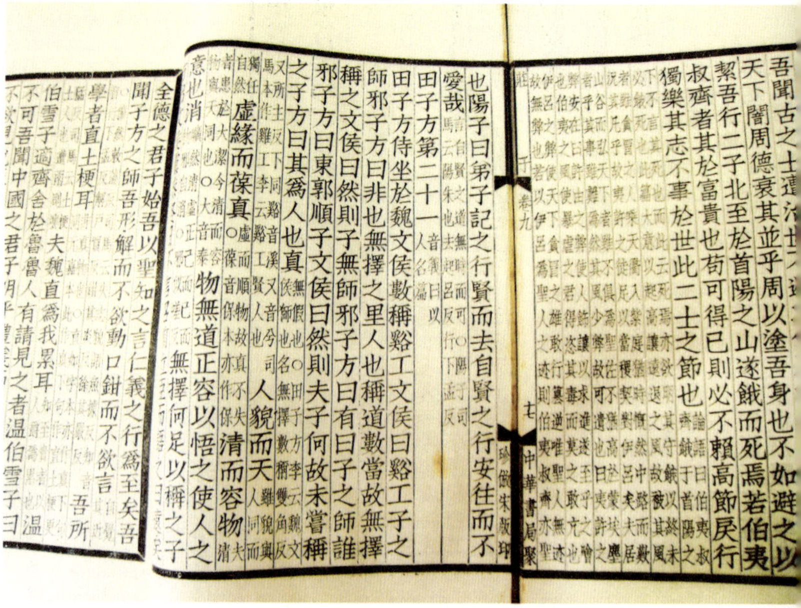
天下闇周德衰其並乎周以塗吾身也不如避之以絜吾行二子北至於首陽之山遂餓而死焉若伯夷叔齊者其於富貴也苟可得已則必不賴高節戾行獨樂其志不事於世此二士之節也

也陽子曰弟子記之行賢而去自賢之行安往而不愛哉

田子方第二十一

田子方侍坐於魏文侯數稱谿工文侯曰谿工子之師邪子方曰非也無擇之里人也稱道數當故無擇稱之文侯曰然則子無師邪子方曰有曰子之師誰邪子方曰東郭順子文侯曰然則夫子何故未嘗稱之子方曰其為人也真人貌而天虛緣而葆真清而容物物無道正容以悟之使人之意也消

全德之君子始吾以聖知之言仁義之行為至矣吾聞子方之師吾形解而不欲動口鉗而不欲言吾所學者直土梗耳夫魏直為我累耳

溫伯雪子適齊舍於魯魯人有請見之者溫伯雪子曰不可吾聞中國之君子

看来，您说的是实情。您确实不想当官，当年您与您的好友惠施为了当不当官还发生了一场不大不小的误会，是不是这样？

魏徵像

魏徵，唐朝政治家。曾任谏议大夫、左光禄大夫，以直谏敢言著称，是中国历史上最负盛名的谏臣之一。魏徵等在《隋书·经籍志》“《庄子》二十卷”下注：“梁漆园吏庄周撰。”

庄子：是的，那个故事我也记述在《秋水》篇中了。那一年，我唯一的好友惠施在魏国当上了宰相，我就大老远地跑去看望他。我之所以不远万里跑去看他，就是因为我们之间的朋友情谊！可是，世情就是那样的不堪，就是这么件事，也有人出来挑拨离间，说：“庄周此来，是想取代惠施的相位啊！”惠施还是个挺世俗的人，一听这话，就惶恐不安了。为了打消他的惶恐心理，我就给他讲了这样一则寓言故事：

南方有一只志向高远的鸟，一次从南海出发，飞往北海去。一路上非梧桐树不停歇，非竹子的练实不吃，非甜美的泉水不喝。这时，一只猫头鹰得到了一只腐臭的死老鼠高兴得不得了，正想饱餐一顿。那北上的鸟刚巧从它的头顶上飞过，猫头鹰以为这只鸟要夺它的死老鼠吃，惊惧地叫了起来……

惠施是个明白人，听完故事，笑着说：“庄周先生啊，您是把我看作爱吃死老鼠的猫头鹰呀？”我也不禁仰首开怀大笑了起来，说：“但愿您不是！”

这是朋友间的戏谑。“谑而不虐”（《诗经·卫风·淇奥》），这样的开诚布公，只有我与惠施之间做得到。经过这一次周折，我与惠施之间的友谊更深厚、更牢固了。

《诗经》书影（中华书局出版）

在《庄子》一书中，庄子虽然没有原句引述《诗经》中的文字，但受到《诗经》中儒家思想的影响是显而易见的。

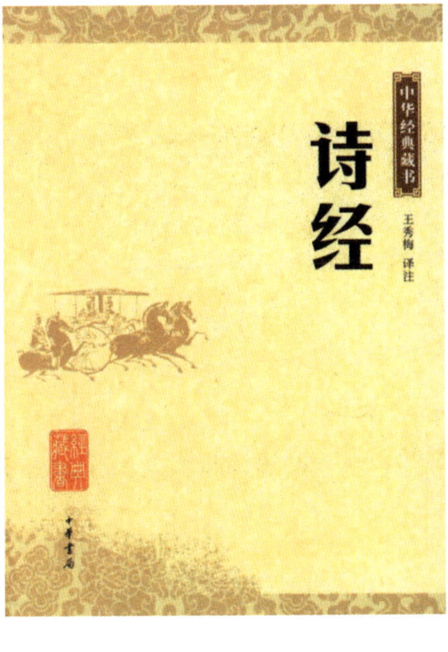

二问庄子

有人说您的人生是寂寞人生，一是因为您一生没有什么飞黄腾达、风风光光的时日，更因为您落落寡合、孤芳自赏，可以说您没有什么朋友，要说有，那就是惠施一人了。正像鲁迅说的，“人生得一知己足矣”，您似乎有惠施这样一个知己就满足了，是这样吗？

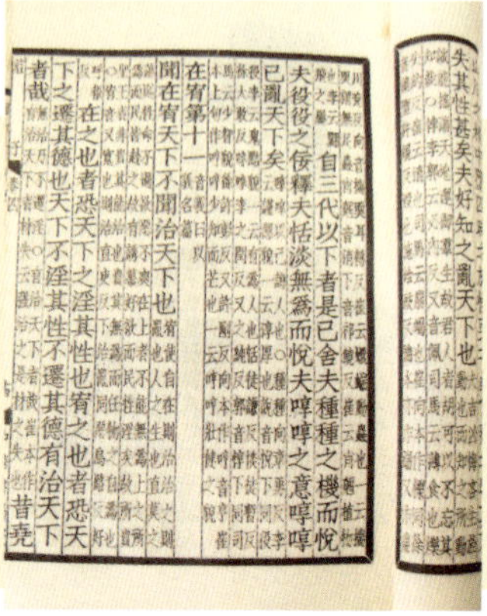
失其性甚矣夫好知之亂天下也
自三代以下者是已舍夫種種之機而悅夫役役之佞釋夫恬淡無爲而悅夫啍啍之意啍啍已亂天下矣
在宥第十一
聞在宥天下不聞治天下也在之也者恐天下之淫其性也宥之也者恐天下之遷其德也天下不淫其性不遷其德有治天下者哉
昔堯

《庄子·在宥》书影

“在宥”之“在”，意为任其自然；“宥”，意为宽容。《在宥》篇提倡无为而治、人与人无为而处，最后达到“独来独往”的至高境界。

庄子：是的。我是个与世无争、“独来独往”的人。“独来独往”（《在宥》）这个概念就是我提出的。我所看到的世界，到处是“与接为构，日以心斗”“非彼无我”，整天钩心斗角，好像有了你就不能有我似的。“小恐惴惴，大恐缦缦”（《齐物论》），不是让人惴惴不安，就是让人失魂落魄，这样的世界叫人怎么过得下去？我没有办法，只得“躲进小楼成一统”，与什么人都不交往。后来，认识了可以谈文论道的惠施，我们两人很谈得来。于是，我们就成了能谈心里话、能一起游玩的好友了。你们说我的人生是寂寞人生，如果没有惠施，我的人生不知要寂寞到何等田地呢！再说，寂寞从一定意义上说是好事，“寂寞是福”，不寂寞，我还写得出十余万言的《庄子》来吗？

“为而不争”横匾（鹿邑老子文化广场）

您与惠施之间，曾有过一次名传千古的“濠上之辩”。这“濠上之辩”又被称为“鱼乐之辩”，它留给后人的启示是什么呢？

杨俊光《惠施 公孙龙评传》书影（南京大学出版社出版）

庄子基本上没有知己，也没有人可诉说衷肠，所谓“以天下为沉浊，不可与庄语”。唯一可以称得上契友的是惠施，但两人也是处于相交而不相知的状况，一见面就辩个没完没了。《庄子》一书就记述了三次庄周与惠施之间的大辩论：一是“大而无用”之争；二是“人故无情”之争；三是“鱼之乐”之争。

庄子：所谓“濠上之辩”，大致的过程是这样的：一次，我与惠施一起到濠水（今蒙城东南凤阳境内）去游玩。走到濠水桥上，往下一看，河水清澈，游鱼尾尾。我不禁喟然兴叹：“鱼儿好快乐啊！”惠施却冷冷地说：“你不是鱼，哪里知道鱼儿的乐啊？”我巧妙地作答：“你不是我，怎么知道我不知道鱼的乐呢？”惠施不服气地说：“我固然不知道你，但我知道你不是鱼儿啊！”我回答道：“我虽然不是鱼，但我在这座桥上感受到了鱼之乐。”这“濠上之辩”看来没有答案，但留给后世的人们的启示是：人与其他动物之间，能不能心性相通？如果能，又应采取何种方式呢？这个问题的答案，并非一两句话能说得清楚，但只要能留给人们有益的思考就好。

庄子祠内观鱼台

“濠上之辩”后若干年，您的唯一好友惠施去世了。那样，您的人生就更寂寞了。后来，您途经惠施墓时，面对亡友之墓地，讲了这样一个寓言：楚国郢都有一个人在自己的鼻子上涂了一层比苍蝇的翅膀还薄的石灰，让一个石姓的木匠削掉。木匠抡起斧头，旋风般地向那人的鼻尖削去。石灰被削去了，鼻尖丝毫无损。后来，宋元君听到这个故事后，把木匠找来，要他再表演一番此等绝技。木匠说：“臣倒还能抡斧头，可是，那个敢在鼻尖上涂石灰的人已经死了，表演不了。”请问：您说这番话的意思何在？

庄子： 很清楚，我是在说，我与惠施之间本身就存在着一个寓言。在这个寓言中，我就是那位木匠，而郢都人就是我的对手和朋友惠施。现在惠施死了，我还能“表演”什么呢？不少学人认为这则寓言表达了我对惠施的怀念之情。此说不错，因为惠施是我唯一的朋友，惠施死了，我真的感到寂寞了。当然，也可以说我对寂寞的理解更深一层了。寓言中石姓木匠的绝技表演，隐隐道出了“人生是个大舞台”的哲理。

成玄英《南华真经注疏》书影（中华书局出版）

成玄英，唐代初期道士。通儒学经典，尤重文字训诂学。他吸取了佛教的三业六根说，使道教哲理及道教修炼思想更加升华。著述有《道德真经义疏》《南华真经注疏》等。开了“以庄解佛”的先河。

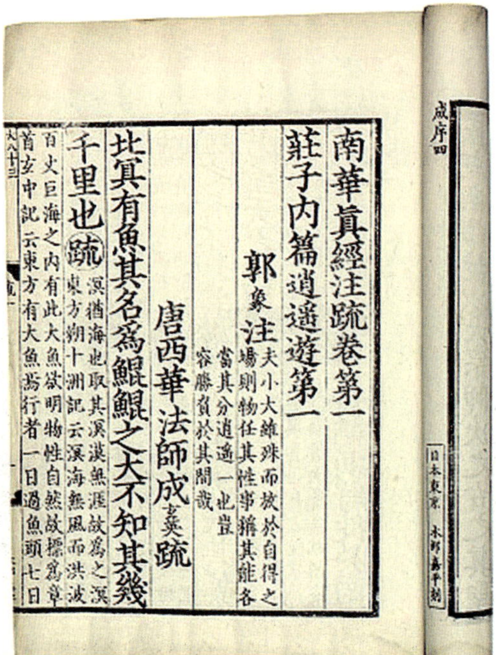
成序四

南華眞經注疏卷第一

莊子內篇逍遙遊第一

郭象注 夫小大雖殊而放於自得之場則物任其性事稱其能各當其分逍遙一也豈容勝負於其間哉

唐西華法師成玄英疏

北冥有魚其名爲鯤鯤之大不知其幾千里也疏溟猶海也取其溟漠無涯故謂之溟東方朔十洲記云溟海無風而洪波百丈巨海之內有此大魚欲明物性自然故標爲章首玄中記云東方有大魚焉行者一日過魚頭七日

日本東京 木村嘉平刻

《南华真经注疏》书影

您既承认自己的一生是寂寞人生，又说在您的晚年，您对“寂寞”两字的理解已经提升到了更深、更高的层次，对此，能否请您加以说明？

王维雕像

王维，唐朝诗人，被称为“诗佛”。今存其诗四百余首。王维精通佛学，亦精于庄学，常为忘怀于物、淡情寡欲、不计生死的“古之真人”所感奋，立誓要“心斋”，要“忘己”。从其诗歌中可以看出王维思想中的“无己”“坐忘”等道家意识来源于《庄子》，如“山林吾丧我，冠带尔成人”（《山中示弟》）“晚年惟好静，万事不关心”（《酬张少府》），等等。

庄子：可以。在经历了人生的风风雨雨以后，在我看来，“寂寞”不仅是一种人生的处境，更是人生的一种境界。我说过：“虚静恬淡，寂寞无为者，万物之本也。”（《天道》）请注意，我这里是把寂寞和无为联系在一起讲的。只有无为的人，才能甘于寂寞，耐得住寂寞。当世人都在专注于追求功名利禄的时候，能坚持无为这“万物之本”的人是不多的。既然是少数，甚至是极少数，他们的寂寞也就是必然的了。“静而圣，动而王，无为也而尊，朴素而天下莫能与之争美。”（《天道》）寂寞者德性俱美，没有什么可哀叹的了！

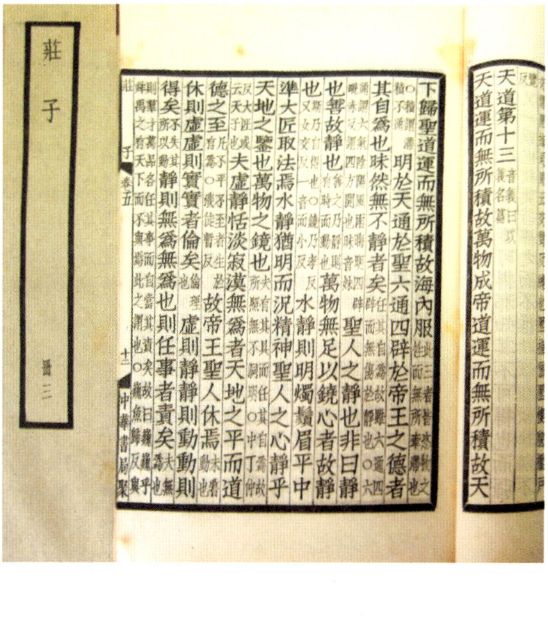

天道第十三

天道運而無所積故萬物成帝道運而無所積故天

下歸聖道運而無所積故海內服

明於天通於聖六通四辟於帝王之德者

其自爲也昧然無不靜者矣 聖人之靜也非曰靜

也善故靜也 萬物無足以鐃心者故靜

也 水靜則明燭鬚眉平中

準大匠取法焉水靜猶明而況精神聖人之心靜乎

天地之鑒也萬物之鏡也 夫虛靜恬淡寂漠無爲者天地之平而道

德之至 故帝王聖人休焉

休則虛虛則實實者倫矣 虛則靜靜則動動則

得矣 靜則無爲無爲也則任事者責矣

莊子 卷五 十二 中華書局聚

《庄子·天道》书影

二五问庄子

想问您一个私密一点的问题，不知先生愿不愿意回答。您是否结过婚？有无子女？如果您有过家室，那么请问您的家庭生活幸福吗？

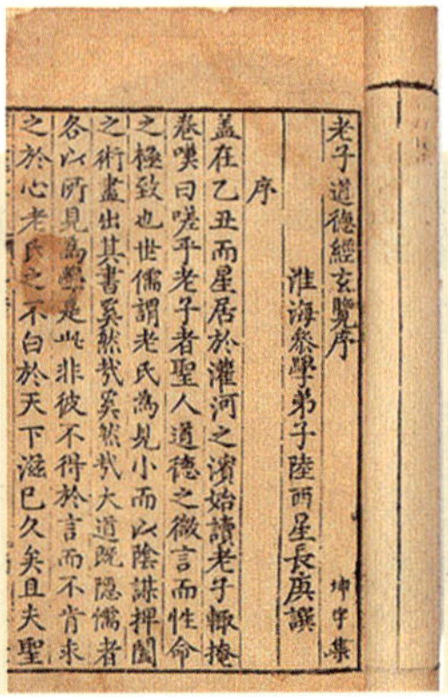
老子道德經玄覽序 坤字集
淮海叅學弟子陸西星長庚譔
序
蓋在乙丑而星居於灌河之濱始讀老子輒掩卷嘆曰嗟乎老子者聖人道德之微言而性命之極致也世儒謂老氏為見小而以陰謀捭闔之術盡出其書奚然哉奚然哉大道既隱儒者各以所見為是是此非彼不待於言而不肯求之於心老氏之不白於天下滋已久矣且夫聖

陆西星撰《老子道德经玄览序》书影

陆西星，明代道学家。他弃儒学道，入山隐居，志书记载，其“数次遇异人，得授仙道秘诀”，是明清时代理论水平较高的内丹名家。他说：“忘仁义，忘礼义，堕肢黜聪，心斋坐忘，则是庄子一段学问，如今所谓禅者流，大率类是。”他把庄子的修道和佛家的修禅互相沟通，两者“若合符节”，视《南华真经》为“中国之佛经也”，著有《金丹就正篇》等。

庄子：我不认为这是一个私密得不得了的问题，我可以坦诚地作答。我是结了婚的，而且生儿育女，与妻子也相处了几十年之久。这大约与我早年学儒术有关吧！儒家提倡的是“家天下”，以家为本，成年了，不成家，那就是件大不敬也大不孝的事，还说什么“不孝有三，无后为大”。我当初大概也是这样认为的，因此一度很看重生儿育女这些事。“本归于老子之言”（《史记·老子韩非列传》）后，我就不那么看重那个家了。虽说与妻子相处到老，但感情平平，我写我的书，游我的山水，她打理她的家务。我也不太管教孩子们，在我的书中也没有留下一点有关他们的信息。

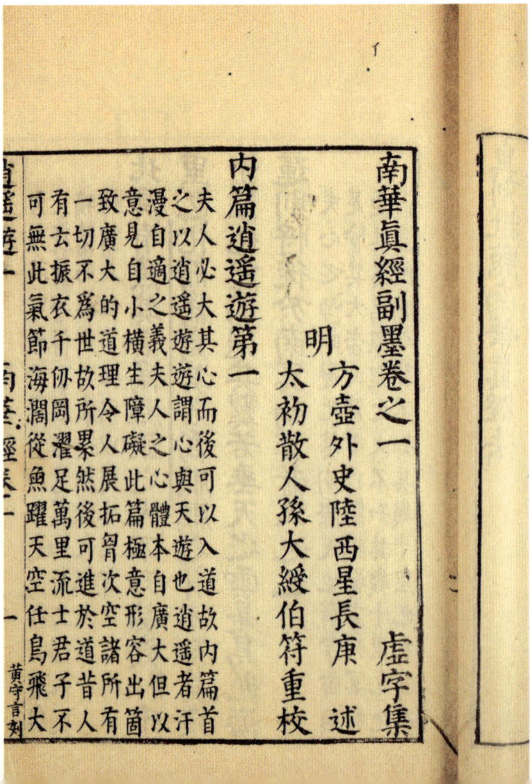
南華眞經副墨卷之一 虛字集
明 方壺外史陸西星長庚 述
太初散人孫大綬伯符重校
內篇逍遙遊第一
夫人必大其心而後可以入道故內篇首之以逍遙遊謂心與天遊也逍遙者汗漫自適之義夫遊人之心體本自廣大但以意見自小横生障礙此篇極意形容出箇致廣大的道理令人展拓胷次空諸所有一切不為世故所累然後可進於道昔人有云振衣千仞岡濯足萬里流士君子不可無此氣節海濶從魚躍天空任鳥飛大

《南华真经副墨》书影

有些野史上记述了一些您妻子的“花边新闻”，说她与一个远道而来的樵夫好上了，您还亲眼看到妻子在为那个樵夫拾起被风吹落在地的帽子，两人眉来眼去的。这使您醋意大发，还设计试探妻子是否忠贞，事实证明您妻子的行为没有什么不检点，您那颗悬着的心才放了下来。这是事实吗？

王守仁像

王守仁，世称阳明先生，故又称王阳明，明代著名的思想家、哲学家、文学家。他精通儒学、佛学、道学，还去道观与道士讨论养生，对坐忘归。他对庄子所言“天地与我并生，万物与我为一”的齐物论尤为崇尚，进而提出“万物一体”“和而不分”的世界图景，又阐发庄学自然本性说，认为“人皆可以为尧舜”。

庄子：这是完全没有的事，是小说家之流闲得没事，凭空编造出来的。这完全是儒家那一套思维模式，可以说是“以儒者之心，度道者之腹”了。我作为一个道者，哪会如此心胸狭窄？又怎会把“家”看得那样重？我是主张“相濡以沫，不如相忘于江湖”（《大宗师》）的，这话就是针对家庭观念说的。“相濡以沫”表现了儒家看重个人情感的家庭生活，“相忘于江湖”讲的是道家张扬个性的洒脱生活。如果我的妻子真的与一个樵夫好上了，我会坦然地挥手而去，而不会小心眼地躲在幕后打探这件事情的真假。

道德中宫（又名老祖殿）

位于今亳州市老子殿街，始建于唐，重建于明万历年间，为纪念老子的宫观。宫前有问礼巷，传说是当年孔子向老子问礼之地。

最具震撼力的是您的妻子过世后，您非但没有号啕大哭，相反却悠然自得地在那里“鼓盆而歌”（《至乐》）。这招来了严厉的责难和批评。有人说：“你的妻子陪你走完了生命的全程，为你生儿育女，现在去世了，你不哭也就罢了，还在那里‘鼓盆而歌’，你不觉得那样做太过分了吗？你不觉得那样太绝情了吗？”对这样的责难和批评，您在意吗？

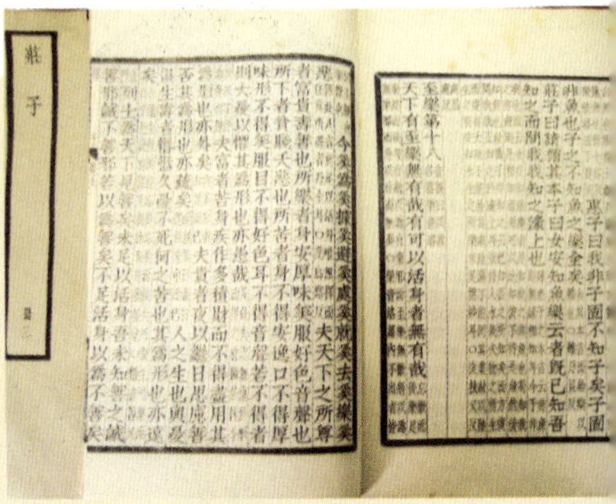

《庄子·至乐》书影

“至乐”，也就是人生最大的快乐。庄子不是一般意义上的快乐主义者，他在《至乐》一文中告诉人们，只有看破了生死、荣辱的人，才有真正意义上的快乐可言。“鼓盆而歌”的故事就出自该文。

庄子：一点儿也不在意。我不能不说，这是世俗之见，受“儒毒”太深所致。人之生死是很自然的事，稍微有点悲伤是可以的，但何必号啕大哭？我在妻子逝世那天，“能无慨然”吗？但“慨然”之后，马上就进入超然的状态。我想，应该这样看问题才是：在我妻子没出生之前，原本就没有她的生命，没有她的形体，也没有她的精气，所谓的她处于混混沌沌之中。后来，慢慢变出了精气，变出了形体，变出了生命。现在，她“去”了，又变回去了，那不正是顺应自然的大好事吗？我说过，“万物皆化生”（《至乐》），一切事物都在不断地变化之中。人活着，是一种“化生”；人死了，是另一种意义上的“化生”。我“鼓盆而歌”，正是出于这样一种情怀。

邵雍像

邵雍，北宋易学家，有“内圣外王”之誉。深受老子、庄子以及其他道家代表人物的影响，凡言皆祖述老、庄。有谓“邵氏之学，老氏之学也”。其著有《皇极经世书》，如朱熹所说，是一部“易外别传”。画像藏台北故宫博物院。

妻子死了，您“鼓盆而歌”，您在记述这一事件时，又将它记录在《至乐》篇中。您是否想告诉世人，从某种意义上说，“死”也是件值得庆贺的“至乐”之事呢？

毛泽东像

毛泽东是位博学者，他把读书称为“和圣人对话”“捡拾千年烟尘”。从青年时代起，他就熟读《庄子》，并做了笔记。一些友人回忆说，毛泽东可以随手翻到《庄子》的某一页，作出自己独到的解释。

庄子：问得好！要是世界上没有死，这个世界还能存在吗？这个世界不就要人满为患了吗？生死是很寻常的事。幼而成，成而壮，壮而老，老而死，这本是很自然的事，我把它看成是至乐之事，也未尝不可。毛泽东曾说过：“庄子的鼓盆而歌，是在庆祝辩证法的胜利。”我同意毛泽东的说法。毛泽东是懂得辩证法的。死是一种“以天地为春秋”（《至乐》）的永生。人的一生中总会遭遇悲凉和痛楚，从一定意义上说，死意味着一种大超越、大解脱，难道不是至乐之事吗？中国民间有“红白喜事”之说，将“白”（即死亡）也看成是喜事，不能不说是受了我“鼓盆而歌”观念的影响。

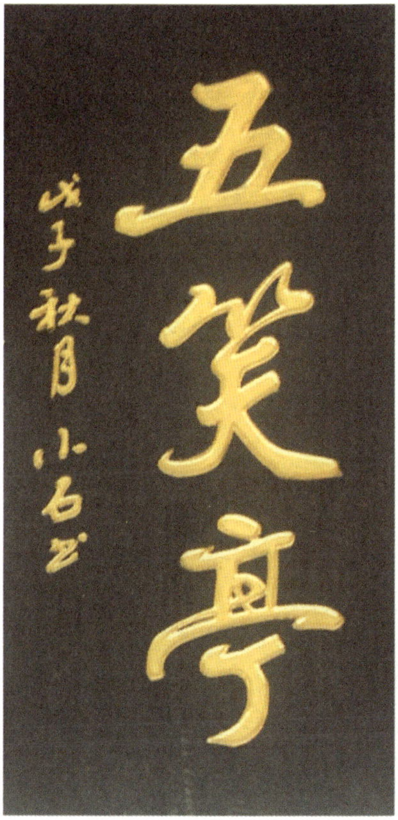

五笑亭匾额（庄子祠）

笑是人类的一种本能，是健康的一种有效的指示器。我们应该笑对人生，笑口常开，这样才有益健康。庄子早在两千多年前就知道这些道理了。

在《至乐》篇中，您是否想批判世俗的那种“至乐”观，宣扬您所提倡的那种“至乐”观？

庄子：我所认为的世俗的“至乐”观表现为：一是追求富有、高贵、长寿和美名，二是向往身体的安适、饮食的丰盛、服饰的华美、容貌的漂亮和声音的动听。这些物质的东西是有限的，不可能人人都有，但却人人都想追求，于是就会发生争斗，争斗就会造成厮杀和伤亡，“至乐”成了“至不乐”。“人之生也，与忧俱生，寿者惛惛，久忧不死，何苦也？”(《至乐》)世俗所追求的“乐”，常以求乐始，又以忧亡和受苦而告终。“吾以无为诚乐矣”(《至乐》)，只有坚持无为，顺其自然地生活，才能真正找到“乐”。

葛玄雕像

葛玄，三国时道士。道教尊为葛仙翁，又称太极仙翁。他好老庄，喜“至乐”。他尊庄子为真人，并把《南华真经》尊奉为道教教义的一部经典。

慧约像

慧约，南朝梁代高僧。崇信老、庄“无为清静”以及“至乐不乐”之说。临终时还夜梦“乘青牛”。像载《佛祖道影》。

在您的一系列作品中，都反对简单地说人的快乐生活。为此，您提出了两个新概念：天乐和人乐。对此，您能作些说明吗？

马致远雕像

马致远，元代戏剧家、散曲家，与关汉卿、郑光祖、白朴并称"元曲四大家"。他崇尚庄子的快乐人生，渴望达到"不累于俗，不饰于物，不苟于人，不忮于众"的境界。其散曲饱含庄学的愤世精神、悲世之心及遁世情怀。

庄子： 在我看来，人生活在世上，既要与人打交道，也要与天打交道。打交道不等于快乐，只有处理得当，达到"和"的境界，才有快乐可言。我说过："与人和者，谓之人乐；与天和者，谓之天乐。"（《天道》）这里讲得很明白，与天和，其乐无穷；与人和，其乐无穷。我并不完全否定人乐，甚至认为人乐是天乐的一种表现形式。"均调天下"，即谓"大宗大本"，也就是以道使天和人和，以达到天乐人乐的境界。但是，比人乐更高的境界是天乐，是跟天和谐相处，懂得人的生命离不开天。"知天乐者，其生也天行，其死也物化。"（《天道》）把生活看成是一种天然运行，把死亡看作是物质转化，那样的人，还有什么不快乐的？

康僧会像

康僧会，三国时期高僧。他信奉老、庄之学。佛、道、儒三家思想贯穿在他注释的佛经上。在建业（今南京）设像行道，后孙权为之造建初寺，该寺系江南佛寺之始。

循着一个人的享乐观溯其源，它的源头就是一个人的生死观。您说享乐是一种自然，那么，生死又何尝不是自然呢？如果要您用简短的话语对生命现象作出解释的话，您将如何表述？

葛洪像

葛洪，东晋道教学者、炼丹家、医学家。他从尊儒的立场出发批评《庄子》，认为庄子"虽祖述黄老，宪章玄虚，但演其大旨，永无至言"（《抱朴子·释滞》），竭力推崇儒术来纠偏老庄之玄虚。《庄子》宣扬"死生一齐"的思想，与他所宣扬的神仙不死的终极目标相抵牾。庄子认为万物由"气"构成，所谓"人之生，气之聚也。聚则为生，散则为死"（《知北游》）。庄子的本意是以神人、仙人等托其绝对逍遥而无待的精神境界，与葛洪所宣扬的不死成仙的道教神仙思想并不相同，所以庄子受到葛洪的指责是可以理解的。

庄子：与"寿比南山"等世俗观念不同，我认为生命是一种流动不居的现象，不可能永驻，生的尽头，必然是死。"死生为昼夜"（《至乐》），如果生为"昼"的话，那么死就是"夜"。一个人只想享用"昼"，而厌弃"夜"，只能是一种无知的妄想。夜幕下的安息与阳光下的活动，同样应受到人的欢迎。

人们常说"天假以年"，人的寿数自己说了不算，天借给你多少年，你就有多少岁。这话也是我说的。我说过："生者，假借也。"（《至乐》）事物在变化、运动中，上天将一段时日借给了人的生命，过了一段时日，又会把它借给其他形态，这就是自然，这就是我常说的"物化"。人只有顺应自然，才能享受生的愉悦和死的通脱。

王戎像

王戎，西晋大臣，好老、庄之学，系竹林七贤之一。画像藏上海博物馆。

您强调生的"假借"，倡言"至乐无乐"，似乎都在为您的"出世观"做铺垫。孔子是入世的，老子处于出世与入世之间，您总体上与老子一样处于出世与入世之间，但您比老子走得更远，在观念上更接近出世。在相当程度上，您诅咒生命，颂扬死亡，在这点上，您的思想是接近于宗教了。我们可以这样评价您吗？

扬雄像

扬雄，西汉末学者，在其所著的《法言》中多次批评了《庄子》。如《五百》篇中说："庄、杨荡而不法。"他认为庄子和杨朱同属于放荡而不遵礼法的代表。他还认为庄子的"齐物说"歌颂死亡不过是无能、卑弱者的恐惧之言，不过，他对庄子的"少欲"有所肯定："或曰：庄周有取乎？曰：少欲。"这说明扬雄虽然不满于庄子用齐物论否弃儒家的仁、礼之学，但对其道德之论和清虚寡欲的精神修养还是相当企慕和崇拜的。

庄子：不是可不可以的问题，事实本身就是这样的。依我看来，极乐世界不在人世，而在人离世之后。人死后怎么样，我说不清楚，但我可以寄情于身后。"死"成了我的一种寄托。我说过："夫大块载我以形，劳我以生，佚我以老，息我以死。故善吾生者，乃所以善吾死也。"（《大宗师》）我的总体观念是：生是劳的，生是苦的；死才是安息，死才是善宿。我这样认为，在思想和理论上都接近于宗教，只是没有披上宗教的外衣罢了。后世把道学改造成道教，正是利用了我思想中"死"的内核。

秦观像

秦观，北宋文学家，"苏门四学士"之一。好黄老之学，信奉庄子的"至乐无乐"说，取字"太虚"。他还与僧徒交游，颂扬佛法，佛号"淮海居士"。画藏台北故宫博物院。

三问庄子

您这样看待生死，晚年时走向归隐，那是势所必然的了。您归隐于何处，谁都搞不清楚。其实那是不重要的，重要的是您归隐后做了些什么。有人说，您归隐后花了很多工夫去读书。这就奇怪了，您不是主张“无知、无识、无情、无欲”的吗，归隐后又怎么花这么多工夫读起书来了？

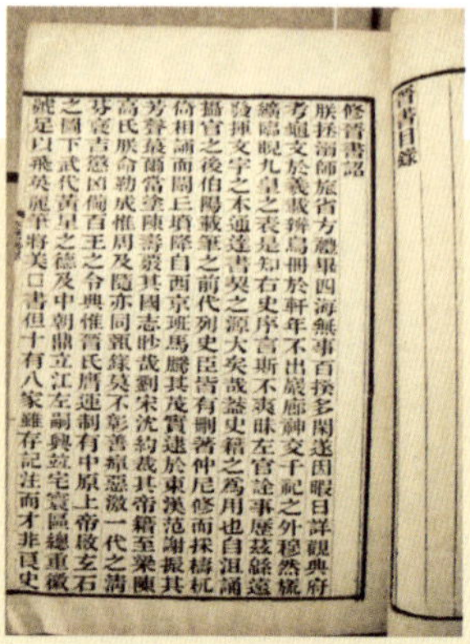

载有王坦之事迹的《晋书》书影

王坦之，东晋名士，曾作《废庄论》一文，对庄子提出了非难。王坦之认为庄子讲“无”而不能理会“有”，且那些“无知、无识、无情、无欲”是有所偏执而不合时宜的“偏义”。由此，王坦之指斥庄子之学是“识其一而不识其二”。同时庄子只讲“无为”，而否定“有为”，只能是一偏之见。他明确指出，当时社会所出现的违背礼义训诫，背离道德范式的伪善以及放荡不羁的恶习皆是庄学蔓延渗透的罪过，即谓庄子“虽可用于天下，不足以用天人”。

庄子： 有人说我归隐后读了很多书，这里说的“有人”，我知道主要指的是司马迁。他在《史记》中说我“其学无所不窥”。什么书都读，为什么？似乎有点不正常，其实正常得很。为了“剽剥儒、墨”（《史记·老子韩非列传》），我能不认认真真地把儒家、墨家的书读一读吗？为了“本归于老子之言”，我能不好好把那五千言经典读透、读懂吗？此外，我还读了《管子》《列子》等子书，还读了《齐谐》这样一些后世失传的书籍，我还读了大量的野史，读了生活这本大书。这些都成为我写《庄子》的文脉。《庄子》与《老子》的明显区别在于：《老子》讲的是抽象的哲理，而我的《庄子》是通过种种鲜活的知识来描述大道和情理的。《庄子》涉及的人物有两三百人，涉及的动物和植物有百余种，《庄子》中后世的十二生肖动物也已经全了。这些都是我好学的有力佐证。

《天道》篇的最后三章通过老子的话，系统阐述了我的读书思想，表达了我这样一些看法：其一，我读书的目的在于“通乎道、合乎德、退仁义、宾礼乐”。凡是符合道、德的，我吸收；凡是讲仁义、礼乐的，我摈弃。其二，我与世俗的好读书者不同，我认为，“书不过语”“语之所贵者，意也”，而要真正寻找到“意”，则往往要到书外去找，也就是要到生活中去找，因此，我反对死读书。其三，我认为要把书中的精华与糟粕区分开来，那些所谓“君之所读者”，有不少是“古人之糟粕已夫”，这点往往也是世俗的人们不能理解的。

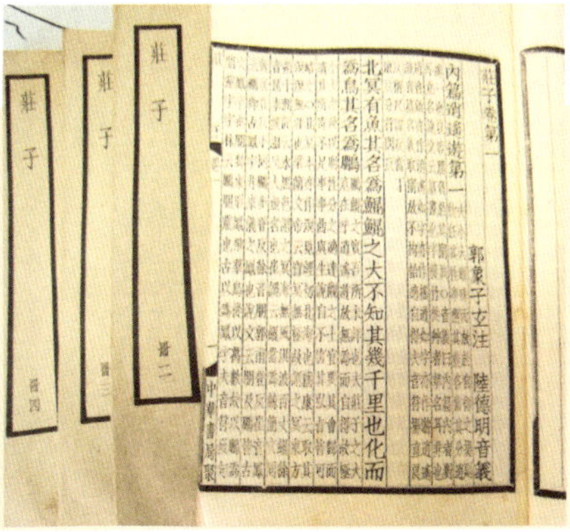

在阅读和深思的基础上，您开始构建自己的学术体系，写作《庄子》一书。这本著作是您亲手撰写的，还是与您的门徒一起撰写的？

《庄子》书影

《庄子》凡三十三篇，分内篇、外篇、杂篇三部分。学者一致的意见是，内篇的思想、文风比较一致，当全属庄子自著，外篇、杂篇也有庄子自著的作品，但也收入了后来学者的作品，而思想大致上还是庄子的。

庄子：我是真正的“孤家寡人”。在这里，我要告诉后世的人们：我与老子一样没有门徒，我是真正的独来独往。这本书当然是我亲手撰写的。司马迁也说：“其著书十余万言，大抵率寓言也。”（《史记·老子韩非列传》）这本书我写时有五十二篇，但在相当长的时间里流传并不广。到了魏晋时期，玄风日盛，庄学渐起，为我的《庄子》一书作注的多达数十家。后来有个叫郭象的大学者，在综合各家注本的基础上，删去十分之三，留存了内篇七，外篇十五，杂篇十一，成为三十三篇的定本。这是世人最为满意的，当然也是我所满意的。可以说，这个定本比较完整地表达了我的思想，后人尽可以放心地去研读它。

张道陵像

张道陵，东汉末原任州令并信奉儒学，后弃儒习道。晚年携带《老子》《太平经》等道书在鹤鸣山创立“五斗米道”，后世尊其为掌教和正一天师。

您退隐后主要是著书立说，但也没有完全绝情于世事。《说剑》篇表述的就是您的经世思想。该文说到，赵国的赵文王特别喜欢剑术，于是，剑士们纷纷前来献技，以致宫门左右的剑士达三千人之多。太子赵悝为此忧虑不已，召集左右大臣商量道："如此下去，必将国破家亡，为别国所制。诸位大臣中，如有既能悦大王之意，又能止剑士相斗者，吾将赏赐千金。"左右异口同声道："庄子可担此任。"太子问："庄子是什么人？"一大臣答："庄子是个隐士。其才足可经邦，其能足可纬国，其辩可以起死回生，其说可以惊天动地。如能请他前来，定能顺大王之意，又能救民于水火。"于是，太子便派使者带上千金去聘请您。您当时的态度怎样？

庄子：《说剑》中那位大臣对我的赞语实是夸大其词，不足为信。不过，我当时的态度很明确。听明使者的来意之后，我就说："此事何难，竟值千金之赏？"我坚辞不收千金，而偕使者一道去见太子，问太子："太子赐我千金大礼，不知有何指教？"太子带我去见赵文王。文王长剑出鞘，白刃相待。我气宇轩昂，神色肃然。赵王问："您的剑术有何特长？"我说："臣之利剑锋利无比，臣之剑技天下无双，十步杀一人，千里不留行。"赵文王问："不知先生要持什么样的剑？长短何如？"我答："臣持什么剑都可以。不过臣有三剑，专为大王所用。请允许我先言后试。"赵王道："愿闻三剑究竟何样？"我说："此三剑分别是：天子剑、诸侯剑、庶人剑。"天子之剑是"匡诸侯，天下服"之剑；诸侯之剑是"如雷霆之震也，四封之内，无不宾服"之剑；庶人之剑是"无异于斗鸡""无用于国事之剑"。我还指出，大王所好不过"庶人之剑"。赵王先是茫然若失，再是频频点头，最后沉思良久。自听了我畅论三剑后，赵王三月未出宫门，自此戒绝好剑之风，一心治理国家。那些剑士自觉再无出头之日，个个心怀忧惧，不久便纷纷逃散或自杀了。这当然只是一则寓言，所反映的正是我隐居后并非绝情于世事的情景。这则寓言叙述我见赵文王其事当然是假的，在赵国历史上，凡称王者四人，赵灵王、赵惠文王、赵孝成王、赵悼襄王，没有赵文王。虽然这则寓言的具体内容是假的，但是它表述的思想是真实的，充分反映了我的道术除虚无的一面之外，还有"经世致用"的一面，所谓"臣有三剑"正好说明了我的经世观。

金庸像

金庸，原名查良镛，著名武侠小说作家、政治评论家，对庄学研究甚深，对庄子的"逍遥""齐物"思想极为崇尚。他的小说中所描绘的人物亦幻亦真，表现了"武之道""空"之魅力，物我两化的蝴蝶梦，可谓庄"侠"百态。

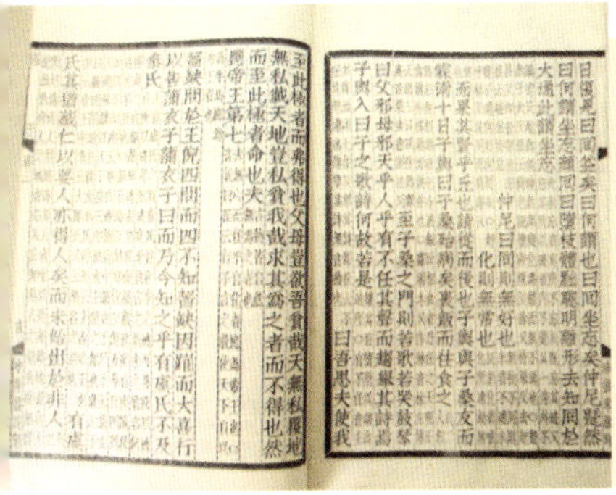

有人认为，您把儒家提倡的“仁义”和“是非”看作是加在人身上的刑罚。由此，有的学者认为您是坚持批孔立场的，是这样吗？

《庄子·应帝王》书影

《应帝王》一篇回答了帝王应如何治理天下的问题。全篇写了六则寓言，主旨是反对有为，主张无为而治，走向混沌状态。

庄子：我在《应帝王》一篇中，讲了古代圣王治理国家靠的是无为而治，而不是什么“是非”和“仁义”。我讲了一个有趣的故事，说上古之帝名浑沌，他是没有七窍的，一些“好心人”为了让他“通七窍”，就为他凿七窍，结果怎样呢？“日凿一窍，七日而浑沌死。”（《应帝王》）我把儒家的仁义比作“七窍”，硬是要在浑沌身上凿七窍，其结果不是要置人于死地吗？但是，我要指出的是，学说是学说，人是人。我批评儒家仁义，并不等于我全盘否定孔子，更不能说我是批孔的。

其实，我对孔子也是非常尊崇的。在《庄子》全书的二百多则寓言中，以孔子为由头的寓言就有四十多则，可见我对孔夫子多么看重。有一次，有人问我：“世上真有至德之人吗？”我说：“孔子就是至德之人！”他又问：“何以见得？”我就讲了孔子周游列国的故事，孔子周游列国，虽然到处碰壁，仍坚持不懈，其忧国忧民之心，可敬可佩、可歌可泣！但由于我们之间观点有异，相互责难也是十分正常的。

宋人伐木（选自明彩绘绢本《圣迹之图》）

孔子去曹国，路经宋国，在大树底下给弟子讲课。宋国的司马桓魋想加害孔子，令属下伐掉大树。弟子们劝孔子赶快离开，孔子说：“上天把德行赋予我，桓魋能把我怎么样呢？”事见《史记·孔子世家》。《庄子》一书中几次说到这则故事，表现了庄子对孔子的敬仰之情。

您和老子一样把“道”作为世界最高原理，讲天道自然无为。但是，在“道”和“物”的关系上，您具有与老子不同的明显的泛神论色彩。是这样吗？

庄子：是的。我说过：“夫昭昭生于冥冥，有伦生于无形，精神生于道，形本生于精，而万物以形相生。”（《知北游》）就是说，形体产生于精神，而个别精神产生于绝对精神“道”。我还说：“通天下一气耳。”（《知北游》）认为道即气，道作为世界统一原理，不是在天地万物之外的“造物者”，而是一切事物内在的原因，因此带有泛神论色彩。我强调道的“无所不在”，认为它“在蝼蚁”“在稊稗”“在瓦甓”“在屎溺”，并用“周、遍、咸”三个词来形容道的无所不在。这与老子用“夷、希、微”三者“混而为一”来形容道颇为不同。

郭沫若像

郭沫若主张“儒道接近”论，他说：“自有庄子的出现，道家与儒、墨成为三足鼎立的形势，但在思想本质上，道与儒比较接近。道家特别尊重个性，主张个人的自由到了狂放的地步，这与儒家的个性发展主张没有什么大不了的冲突。”（郭沫若：《十批判书》）

老子像

在您晚年著的《庄子》一书中，在论述运动变化的绝对性时，说："道无终始，物有死生，不恃其成。一虚一满，不位乎其形。"(《秋水》)认为事物无时无刻不在变移，虚满、生死都只是一时的现象，认为天道犹如"大块噫气"的交响乐，充满天地，瞬息万变，世间绝无固化之物。于是，有学者说您是相对主义理论的鼻祖，您能接受吗？

鲁迅像

鲁迅从《庄子》中看到了儒、道之间有相融相通之处，他说："我们虽挂孔子的门徒招牌，却是庄生的私淑弟子。'彼亦一是非，此亦一是非'，是与非不想辨；'不知周之梦为胡蝶欤，胡蝶之梦为周欤？'梦与觉也分不清。生活要浑沌。"(鲁迅：《南腔北调集·论语一年》)

庄子：我是不是相对主义的鼻祖，这得由历史来评说，不是谁说了算的问题。有一点是毋庸置疑的，在我的文稿中，着力强调的的确是大小、有无、生死、好恶、是非的相对性，比如我说："方生方死，方死方生；方可方不可，方不可方可。""彼亦一是非，此亦一是非。"(《齐物论》)这些话说错了吗？我认为没有错，后世的科学已经证明，任何事物从"生"的第一刻起，就在不知不觉地"死"去，这不就是"方生方死，方死方生"吗？我还说过，"天下莫大于秋毫之末，而大山为小"(《齐物论》)。我是想说，"秋毫之末"比起更小的东西来说，不是"大"的吗？而"大山"比起天下来说，不是"小"的吗？

当然，仔细想想，你们说我的观点是"相对主义"，也是有道理的，就拿"大小"之说来讲，我把参照物概念偷换了，"秋毫之末"的参照物换成了更小的东西，"大山"的参照物换成了"天下"。"秋毫之末"与"大山"之比，应在同一参照物下比较，唯此，才能把"大"与"小"说清楚。这也可算是我思想的局限性吧！

如果要读懂我的"相对主义"思想，还可在讨论"物我为一"时进一步探讨。

庄子祠内连山堂

庄子像

第二章 物我为一

在庄子看来，人生的现世是罪恶的渊薮。这个世界啊，到处是明争暗斗，到处是倾轧中伤。人，是怎样的人啊！世界，是怎样的世界啊！

人世并不快乐，但也并不那么悲观。“哀莫大于心死”，只要心不死，就有希望。庄子用那颗超尘脱俗的心，展开了对人类原生态的诗意想象：“万物齐一。”世间万物的界线和差别，只是现象的、相对的、变动的。超越现象之境，战胜自我的私心成见，便可进入“天地与我并生，万物与我为一”的胜境——不以物伤人，不以物害己，不以物挫志。这样的人，“出入六合，游乎九州，独来独往，是谓独有。独有之人，是谓至贵”。（《在宥》）庄子期望着这样的人出现，如果世间没有这样的人，他也要用自己的心去“造”一个这样的“独有之人”。

三九问庄子

在研究天地万物上，您有点与众不同。当时诸多思想家的理论都来自个人的思考，而您却更多地求助于自我对宇宙间万物的观察。您喜欢在细心观察的基础上，加以独具匠心的思考，再通过常人未有的设问，最后得出结论，形成观念。这种由问题出发的研究方法，应该说是您的独到之处吧？

王国维雕像

王国维认为庄子有伟大丰富的想象力，可将《庄子》《列子》当成散文诗来读。（王国维：《屈子文学之精神》）

庄子： 也不能完全这样说。这也许是后人评述我和其他一些著名人物时常说的“楚人精神”或“南人精神”吧！具有楚人精神或南人精神的典型人物屈原，他的许多作品就是从问题出发破解答疑的。我与屈原一样，都善于设疑和解疑。王国维在《屈子文学之精神》中说：“南人想象力之伟大丰富，胜于北人远甚。彼等巧于比类，而善于滑稽：故言大则有若北溟之鱼，语小则有若蜗角之国；语久则大椿冥灵，语短则蟪蛄朝菌。至于襄城之野，七圣皆迷；汾水之阳，四子独往。此种想象，决不能于北方之文学中发见之。故《庄》《列》书中之某部分，即谓之散文诗，无不可也。”王国维是位思想大家，他作该文的主旨是颂扬屈原，而最终举的实例则落到了我身上。可见，我与屈原一样，是最能体现楚人富于想象力的精神气质的。把我俩的作品当做散文诗来读，又何尝不可呢？

《庄子》《列子》书影（中华书局出版）

我们最感兴趣的是《庄子·天运》一开头就提出的15个问题，如此连珠炮似的发问，会使人情不自禁地想到屈原，大约也只有与您同时代的屈原有这样的情怀吧！我们觉得，您与屈原的气质是相通的。当然，屈原出生在世家大族，他还是个当大官的，而您却是一介布衣。但在精神气质上，在想象力之丰富上，你们却惊人的一致。对此，您能作点概括性的表述吗？

侯外庐像

历史学家、思想家侯外庐认为庄子与屈原有诸多相似之处，都曾向天发问。他说："庄子的天道观是一种游戏论，是和上帝玩耍的逍遥论，因此他说'与天和者，谓之天乐'。"（侯外庐：《中国思想通史》）

庄子：概括性的表述是：我作《天运》时，以及屈原作《天问》时，我们都已回复到生命梦境的"婴儿期"了。我们经历了人生的几多颠簸、几多沉浮，最后成熟了，成熟到了如婴儿般的天真、纯朴、可爱。面对无垠的天空，面对广阔的大地，我似婴儿般地发问：天是运动的吗？地是静止的吗？太阳和月亮交替出没是在争夺居所吗？是谁在安排和主宰这一切呢？是谁在控制和维护这一切呢？是谁闲着无事在推动它们运行呢？是不是有个启合的机关使它们运转或静止？或者它们是在身不由己地自行运转？云是因为雨而有的吗？雨是因为云而生的吗？是谁在兴云布雨呢？是谁闲着没事一味寻乐而促成这些现象产生的呢？风从北方吹来，一会儿东，一会儿西，在空中来回转动，这是谁在一呼一吸而造成了风的飘荡啊？是谁闲着没事而把风鼓动了起来呢？我要大胆问一句：这是什么缘故啊？——这十五问，不正如一个小孩子的天真发问吗？不是回到婴儿期的人，忙于生计还来不及，会有这样的闲心发问吗？

《庄子·天运》书影

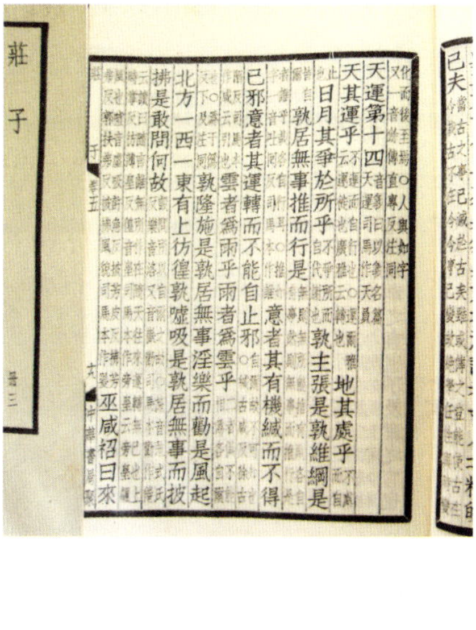
莊子
天運第十四
天其運乎　地其處乎
日月其爭於所乎　孰主張是　孰維綱是
孰居無事推而行是　意者其有機緘而不得
已邪　意者其運轉而不能自止邪
雲者爲雨乎　雨者爲雲乎
孰隆施是　孰居無事淫樂而勸是　風起
北方　一西一東　有上彷徨　孰噓吸是　孰居無事而披
拂是　敢問何故
巫咸招曰來

读您的这段文字，觉得您实在了不起！您一边设问，一边思索，一边又试图作出您自己的回答。而这些答案又真假难辨。表面上说的是天地自然，而内里又包含着社会人文。实际上，在这段文字中，一些最基本的答案您似乎也已经找到了。我们这样理解对不对？

吕振羽像

与许多学者认为庄周本质上是入世的观点相反，吕振羽认为："庄周从相对论出发，自然会归结出出世主义的人生观来。同时，他从自然主义出发，便又达到宿命论的见解。他把老聃的哲学推移向宗教神学过渡。"（吕振羽：《中国政治思想史》）

庄子：你们算是把这段文字读透了。的确，我一面在提出问题，一面又在试图回答问题。在上述文字中，我至少回答了这样几个问题：第一，万物是否都在运动的问题。"天其运乎？地其处乎？""运"就是运动，"处"就是静止。当时一般的看法是天在运动着，而大地是静止的。我这里的设问，实际上是"明知故问"，我的回答当然是天是运动的，地也是运动的，一切都是在运动着的。第二，运动是否有一定的规律的问题。"日月其争于所乎？"人类社会中充满着"争斗"，难道日月也是"争"着出场的吗？其实我的答案是：当然不是的。月圆月缺，日出日落，都是有一定的规律的。第三，运动的原始推动力问题。"意者其有机缄而不得已耶？意者其运转而不能自止耶？"我是说，或者是有个启合的机关使它身不由己，或者它自行运转而不能让自己停止下来。这样的回答，就是在你们后人看来，也是很科学的！"天不得不高，地不得不广，日月不得不行，万物不得不昌，此其道与！"（《知北游》）运动是物质自身的运动，而在回答这些时，我又联想到了社会人文。天地间的一切，都被造物主安排得那样井然有序，都是那样出没无争，而为何唯独我们人世间充斥着明争暗斗呢？"日月其争于所乎？"一个"争"字，表达出了我的愤世之情！着笔于自然，"法天贵真"，而影射的是人世。

"法天贵真"（蒙城庄子祠）

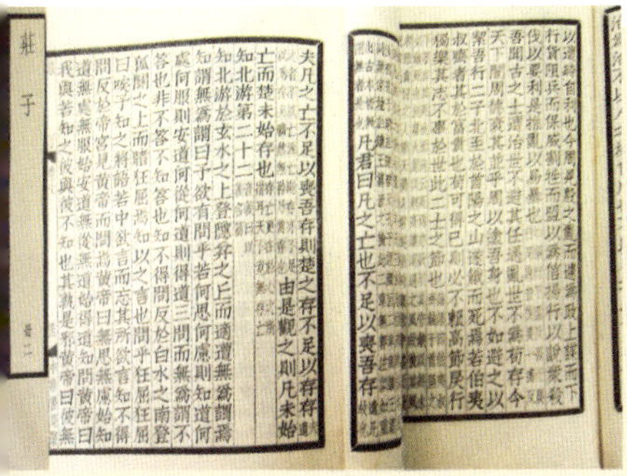

《庄子·知北游》书影

《知北游》系《庄子》外篇中的最后一篇，“知北”是庄子虚拟出来的一个人物。本篇通过十一则寓言，说明道是虚无的、无处不在的、广大无边的、支配一切的东西。并且指出，只有无言无为才能得道。

这里实际上已经隐隐地捧出了一个“道”字。道就是运动，就是运动的规律，它不是外加的，而是“自本自根，未有天地，自古以固存”（《大宗师》）。有人说您的哲学是主观唯心主义的，我们觉得这种评价是不公允的，就运动的原动力“自本自根”这四字，足可证明您不是“主观”，也并非“唯心”的，对不对？

庄子：对啊！知我者，读者诸君也！这也正是我要说的。主观唯心主义的大帽子戴不到我的头上。我在回答东郭子“道恶乎在”（《知北游》）这一问题时，答案十分明确：“无所不在！”任何地方都有“道”的存在。我还说：“周、遍、咸三者，异名同实，其指一也。”（《知北游》）这里说的“周”指周全，“遍”指普遍，“咸”指共同。“一”，就是“道”。万物相通于“道”，万事万物都是平等的。后世的道教都强化了“自本自根”的思想。

陶弘景像

陶弘景，南朝梁时道士，医药家、炼丹家、文学家。其思想脱胎于老庄“自本自根”说和葛洪的神仙道教，杂有儒家和佛教观点。家世奉天师道术，隐居句曲山。梁武帝朝廷大事，每以咨询，时号“山中宰相”。画像为宋人所绘，藏台北故宫博物院。

为了强调“道”的无所不在，您更加鲜明地提出了“道”“德”合一论。道德合一，老子讲到过，但不鲜明，您是极为鲜明地提出了这一观点。您曾说，“道德实同而名异”“无所不在之谓道，自其所得之谓德。道者，人之所共由；德者，人之所自得也”。（转引自《冯友兰论庄子》）这比老子对“道”与“德”的论述更清楚明白。您说呢？

冯友兰像

冯友兰认为《庄子》哲学给人一种人生理念，他从庄子那里读到了幸福之道。他说：“凡物各由其道而得其德，即凡物皆有其自然之性。苟顺其自然之性，则幸福当下即是，不须外求，此所谓逍遥游也。”（冯友兰：《读庄子》）

庄子： 我是继承了老子的道德论，并把它往前推进了一大步。道德在哪里？就在于事物自身之中。“物之生也，若骤若驰，无动而不变，无时而不移。”（《秋水》）事物的生命就在于它什么时候都在运动，什么时候都在变化。“道”讲的是“共由”，也就是共同性；“德”讲的是“自得”，也就是自己特有的个性。“道”主要讲共性，“德”主要讲个性。当然，在万事万物都由“道”支配这一点上，大家都是一样的，也可以说是平等的。

《中国哲学史新编》书影

我们知道，您“齐物”的观念就是出于万物由“自本自根”的“道”支配这样的思想。众所周知，《齐物论》是您最伟大的作品之一。您能用最简洁的语言道出“齐物”的主旨吗？

庄子：可以的。齐物，实际上可以说是“物齐”，就是说，所有的事物都有自己的价值，都应等量齐观，不应该厚此而薄彼，更不应是此而非彼。我有这样几句话，最能说明“物齐”的道理：“物固有所然，物固有所可；无物不然，无物不可。”（《齐物论》）其意是说：一切事物都有它的必然性（即“所然”），一切事物都有它存在的理由（即“所可”）；没有一种事物没有其必然性，没有一种事物没有它存在的理由。在这里，我强调了“固有”，也就是原本有，而不是外加的，更不是谁随心所欲地臆想出来的。万物之“齐”，就“齐”在它都有属于自己的存在的理由上，也就是“齐”在一个“道”字上。这与西方近代一些哲学家所说的“凡是存在的都是合理的”有异曲同工之妙。

章太炎像

章太炎对庄子的“齐物”有新解，他说：“余既解‘齐物’，于老氏亦能推明。佛法虽高，不应用于社会政治，此则唯待老庄也。近人所谓平等，是指人与人的平等，那人与草木禽兽之间，还是不平等的。佛法中所谓平等，已把人与禽兽平等。庄子却是更进一步，与物都平等了。仅是平等，他还以为不足，他以为‘是非之心存焉’，尚是不平等。必去是非之心，才是平等。”

杨震像

杨震，东汉大臣。通庄子“齐物”之学，明经博览，时称为“关西孔子”。像载《三才图会》，明万历刻本。

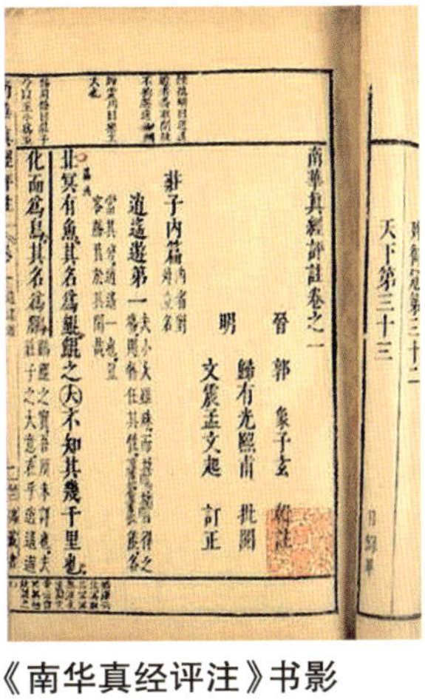

南華真經評註卷之一

晉 郭象子玄 註

明 歸有光熙甫 批閱

文震孟文起 訂正

莊子內篇

逍遙遊第一

北冥有魚其名為鯤鯤之大不知其幾千里也

化而為鳥其名為鵬

天下第三十三

《南华真经评注》书影

您这么一解释，我们清楚多了。所谓“齐物”，就“齐”在万事万物的“所然”和“所可”上。接下来的问题是，您是怎么想到要在“齐物”这个问题上“大做文章”的？难道只是为“齐物”而讲“齐物”吗？

南怀瑾像

南怀瑾在著述中将庄子的“齐物”论与儒、释、道等思想进行比对，别具一格，含义深刻。他说：“庄子持的齐物论是一种绝对公平论，上天对任何生物都是公平的，你得到越多，失去亦越多。”（南怀瑾：《庄子讲记》）

庄子： 我当然不会空空洞洞地为“齐物”而讲“齐物”，我是另有所图的。有人将我与孔子相比，说孔子是入世的，我是出世的。这种说法当然有一定的道理。但是，我要告诉后人，没有一个人会是完完全全出世的。完完全全出世了，还会有兴趣论这论那吗？我欣赏南怀瑾的说法：“道家在出世入世之间，行云流水，顺其自然，它的精义是生活。”（《听南怀瑾大师讲经》）既然精义是生活，那还能出世到哪里去呢？我对生活的理解可能悲观了一点，灰暗了一点，但我始终是在面对生活、解读生活。就拿我的《齐物论》来说吧，我之所以在“齐物”这个问题上“大做文章”，主要还是有感于世间有那么多的“不齐物”。说白了，以人而论，就是有那么多的不平等。“天道”和“天德”本来赋予一切事物存在的理由，在“道”和“德”面前万事万物本该是一律平等的，现在的种种不平等当然是人为造成的，也是不合情理的。就是说，“齐物”是针对“不齐物”而言的。在这点上，我应该说比谁都入世呢！

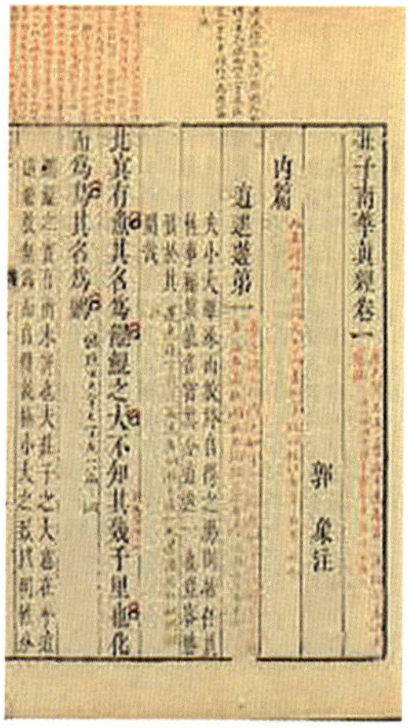
莊子南華真經卷一
郭象注
內篇
逍遙遊第一
北冥有魚其名爲鯤鯤之大不知其幾千里也化
而爲鳥其名爲鵬

《庄子南华真经》书影

这倒是我们都想听听的，在您看来，在您所处的时代，世间有哪些“不齐物”的现象需要加以纠正？

班固像及《汉书》书影

班固，东汉史学家、文学家，史学家班彪之子。他潜心二十余年，修成《汉书》，撰《白虎通德论》，善辞赋，著有《两都赋》等。他对庄子有所批评，在《难庄论》中说：“众人逐世利，如青蝇之赴肉汁也；青蝇嗜肉汁而忘溺死。”但他对庄子“分”（天下人分享天下利）的思想是赞赏的。

庄子：那可多着呢！我自己就亲身体验到了人世间的“不齐”。当时的那些王公贵族，家有万金而不知足，一掷千金而不知惜。而像我这样的人，虽一度在漆园干事，但因为不合群而丢了饭碗。后来靠编织草鞋度日，食不果腹，衣不蔽体，连向人借贷都无获而返。我相信，处境与我一样的人不在少数。那次见魏王，我是身上穿着一件打了补丁的粗布衣、脚上蹬着断了麻绳线的破草鞋去的。魏王也感到奇怪，一个读书人，一个有一定知名度的士人，“何先生之惫”？对此，我回答道：“贫也，非惫也。士有道德不能行，惫也。衣敝履穿，贫也，非惫也，此所谓非遭时也。王独不见夫腾猿乎？其得楠梓豫章也，揽蔓其枝而王长其间。”（《山木》）老老实实做人的人，衣食不周，而攀枝而上的猿类（指小人）却飞腾跳跃、左右逢源，这是人世间最大的“不齐”。我说我是“非遭时也”，言外之意是说我是生不逢时啊！我对当时的那个“时”是不称道的，甚至可以说是憎恨的。我寄希望于人间的“齐一”。“富而使人分之”（《天地》），如果富人能把搜刮到的财富“分”给大家共同使用，那不就“齐物”了吗？当然，让富人主动把财物与人共享，只是我的一个美丽的梦罢了。

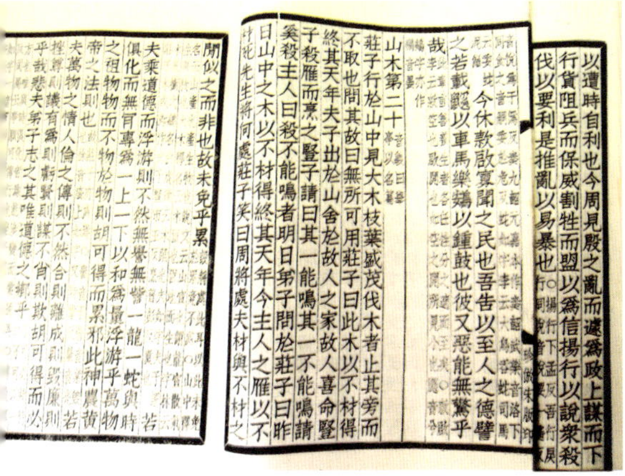

以遭時自利也今周見殷之亂而遽爲政上謀而下
行貨阻兵而保威割牲而盟以爲信揚行以說衆殺
伐以要利是推亂以易暴也

今休款啟寡聞之民也吾告以至人之德譬
之若載鼷以車馬樂鴳以鐘鼓也彼又惡能無驚乎
哉

山木第二十

莊子行於山中見大木枝葉盛茂伐木者止其旁而
不取也問其故曰無所可用莊子曰此木以不材得
終其天年夫子出於山舍於故人之家故人喜命豎
子殺雁而烹之豎子請曰其一能鳴其一不能鳴請
奚殺主人曰殺不能鳴者明日弟子問於莊子曰昨
日山中之木以不材得終其天年今主人之雁以不
材死先生將何處莊子笑曰周將處夫材與不材之
閒似之而非也故未免乎累

夫乘道德而浮游則不然無譽無訾一龍一蛇與時
俱化而無肯專爲一上一下以和爲量浮游乎萬物
之祖物物而不物於物則胡可得而累邪此神農黃
帝之法則也

夫萬物之情人倫之傳則不然合則離成則毀廉則
挫尊則議有爲則虧賢則謀不肖則欺胡可得而必
乎哉悲夫弟子志之其唯道德之鄉乎

您在《在宥》篇中，痛心疾首地说："乱天之经，逆物之情，玄天弗成。"您的意思是说：当时有一些人在扰乱自然的常规（"乱天之经"），违背事物的常情（"逆物之情"），老天是不会让他们有什么好下场的（"玄天弗成"）。您说那些话，是一种警告吗？

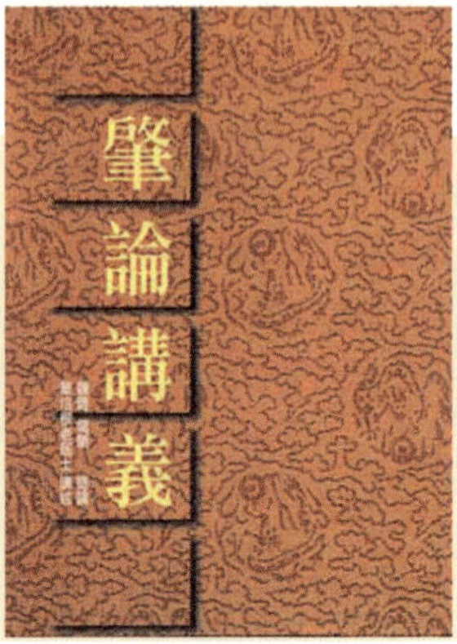

《肇论讲义》书影

庄子： 当然是一种警告！一种大警告！一种千年之警！

不听从我的这种大警告，必然会受到来自大自然的惩罚！"解兽之群，而鸟皆夜鸣，灾及草木，祸及止虫。意！治人之过也。"（《在宥》）那些大权在握的所谓"治人"，为了自己的私利，把群兽驱赶出它们的栖息地，腾出来种植种种自己喜好的物品。他们砍伐大片大片的树木，使小鸟再无栖息之林，深夜还在那里哀鸣。这些人为了个人享乐，使灾难殃及草木，祸害累及昆虫，还洋洋自得。实际上这些所谓的"治人"，是实实在在的社会"罪人"，是人类自古以来未有的大罪人。我说"玄天弗成"，就是说老天爷不会让这些人有什么好下场的。对这些人，我们应该给以当头棒喝：赶紧住手！

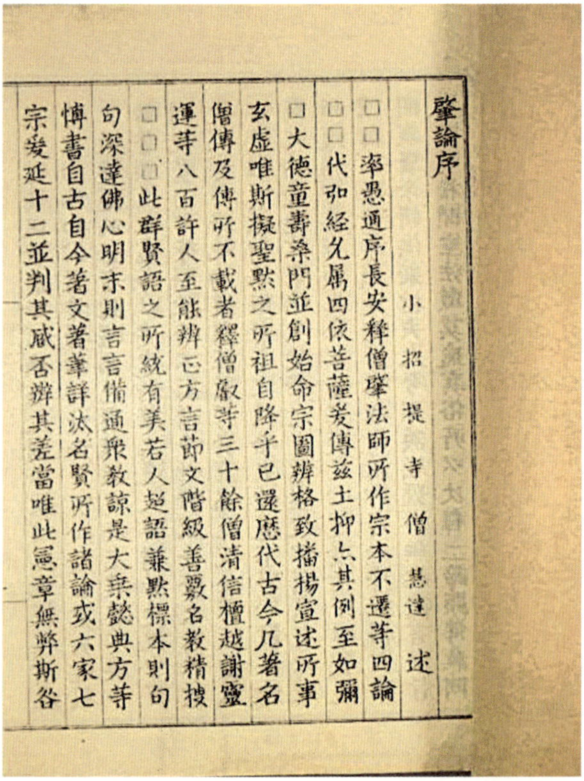
肇論序

小招提寺僧慧達述

□□率愚通序長安釋僧肇法師所作宗本不遷等四論
□□代弘經允屬四依菩薩爰傳玆土抑亦其例至如彌
□大德童壽桑門並創始命宗圖辯格致播揚宣述所事
玄虛唯斯擬聖默之所祖自降乎已還歷代古今凡著名
僧傳及傳所不載者釋僧叡等三十餘僧清信檀越謝靈
運等八百許人至能辨正方言節文階級善覈名教精搜
□□□此群賢語之所統有美若人超語兼默標本則句
句深達佛心明求則言言備通衆教諒是大乘懿典方等
博書自古自今著文著筆詳汰名賢所作諸論或六家七
宗爰延十二並判其臧否辯其差當唯此憲章無弊斯谷

《肇论》书影

东晋僧肇著有《肇论》，书中宣传了老庄思想。

人类对大自然的失敬和失态，可能与人性的丧失有关吧。有人说，人类社会的发展，与色欲同行。文明社会本质上是一个色欲社会。正是“色欲”二字，把人类带入了罪恶与无休止的争斗中。这样理解社会，对吗？

慧能像

唐代高僧慧能著有《六祖坛经》。

庄子：说文明社会本质上是色欲社会，这一点我不敢苟同。但是，色欲的确使人类文明丧失了许多许多。或淫于色，或淫于声，或淫于乐，或乱于德，或悖于理，或拘于义，或崇于伪，或习于巧，我所说的这八个方面，都足以造成“天下之惑”，进而“乱天之经”“逆物之情”。结果是，“终身役役而不见其成功，苶然疲役而不知其所归，可不哀邪？”（《齐物论》）这是人的悲哀，也是社会的悲哀。

阮咸像

阮咸，阮籍之侄，与阮籍并称为“大小阮”，好老、庄之学，系竹林七贤之一。史载“（咸）清真寡欲，万物不能移也”。武帝以其“崇尚虚浮之谈、嗜酒如命”为由不用。画像藏台北故宫博物院。

陈尧叟像

陈尧叟，北宋大臣。他好黄老之学，当辽军直逼澶州时，他主张道家的“清静无为”治世之道，提出迁都主张，被寇准斥责。画像藏台北故宫博物院。

然而，对一些人来说，为了一己之私利，是什么事都干得出来的，正如您说的："井蛙不可以语于海者，拘于虚也；夏虫不可以语于冰者，笃于时也；曲士不可以语于道者，束于教也。"（《秋水》）对此，您认为该怎么办呢？

庄子： 问题还在于改变环境，强化教育。对"拘于虚"的"井蛙"，关键是要改变它那个"虚"（居住条件），让它有足够的视觉空间。对"笃于时"的"夏虫"，关键是要改变它生存的那个"时"，使之能适应四时的气候变化。而对于"束于教"的"曲士"们，则应该从某种教育（主要指儒家教育）的束缚中解脱出来，使之接受新的"道"和"德"的教育。这样，才能让许多人迷途知返。当然，还会有人执迷不悟，这样的人为数也不会太少，加之这些人大多是执掌权柄的，他们的危害性比普通百姓大十倍、百倍，如果这些人改不了，就没有办法了。看来，人如果不经受由自己酿成的大苦难，是不会回头的。

瞿汝稷像（石刻）

瞿汝稷，以父荫受职，累官至太仆少卿。幼秉奇慧，博览强记，宿通内外典。通晓庄学，认为对"井蛙"和"夏虫"之士，让其变换环境就可"同语"，使其接受"道"与"德"之教。万历三十年（1602年），编有《指月录》三十卷，盛行于世。

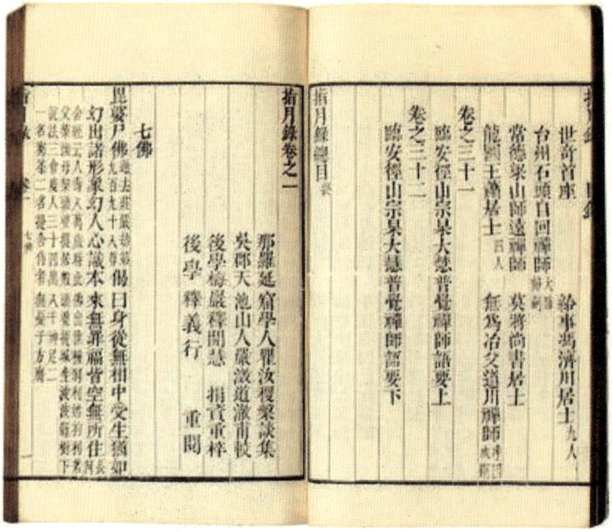

《指月录》书影

先生，我们理解您是在反复强调人与自然的“齐物”。人的“有为”，人对大自然随心所欲的役使、破坏，最后必然要受到大自然的惩罚。就凭您学说中的这一条，就可以说您是功在华夏，功在全球，功在千秋了。可不可以这样说？

刘义庆像

刘义庆，南朝文学家，“性简素，寡嗜欲”，推崇老庄之学，著有《世说新语》。

庄子：我还是主张不要这样说，正所谓“神人无功”，我是不主张讲功利的。只可惜，我警示于千年之前，而千年之后的子孙们却我行我素，照样“解兽之群”，照样“灾及草木”。结果呢，不幸被我言中了。地球被破坏成什么样了？不是有人在担忧所谓的“世界末日”的到来吗？如果真的有“世界末日”的话，那它的到来，或许正是由某些人的罪恶之手造成的。快醒悟过来吧，听听我在两千多年前的忠告吧！正是从这个意义上说，我说的“乱天之经，逆物之情，玄天弗成”这句话，应该对后世有启示。

《世说新语》书影

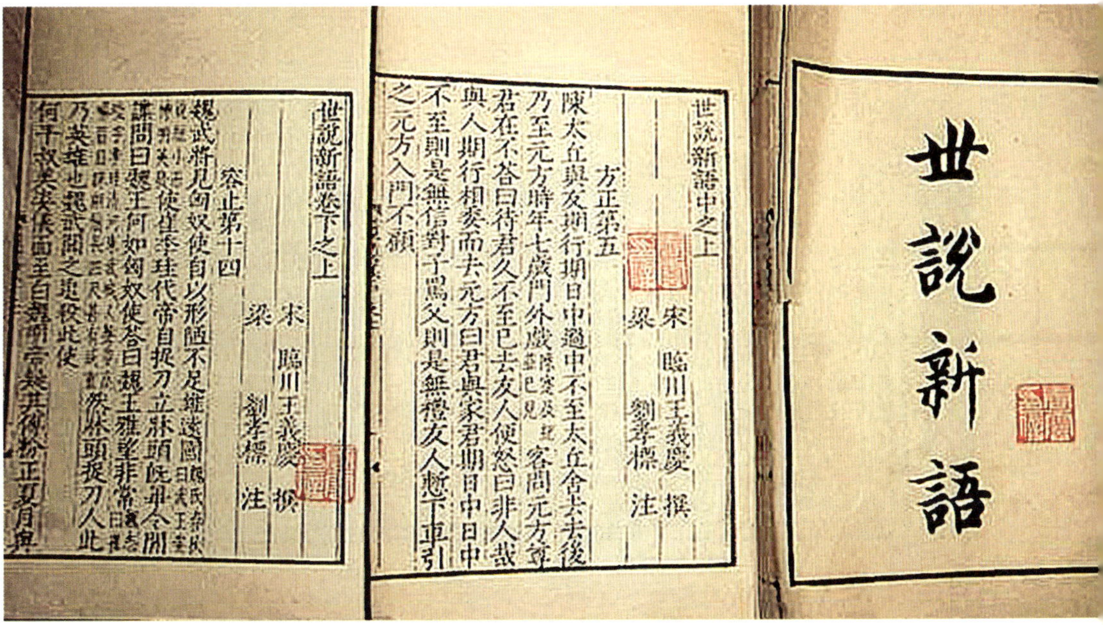

在解决天人关系上，您有一句很有特色却难以读懂的名言，就是：“天在内，人在外，德在乎天。知天人之行，本乎天，位乎德。……故曰：无以人灭天。”（《秋水》）我们感到有点儿难懂，先生能对此作出通俗的解读吗？

荀子像

荀子是与庄子差不多同时代的思想家，他所著的《天论》是极具思想光辉的篇章。他认为：“庄子蔽于天而不知人。”（《荀子·解蔽》）明确指出庄学的要害在于过分迷信（蔽于）天命，而不懂得人事。

庄子： 可以的，我把这段文字的本意说明一下。这句话虽说只有短短二十多字，却把天性与人为的关系既形象又周全地说清楚了，至少我是这样认为的。大致的意思是：天性是内在的，人为是外显的，道德在天不在人。真正懂得天人关系的人，把天性看成是根本，力求使自己的行为合乎天性，这就是人的德性。决不应以人为去破坏天性。历史证明，我所说的这些道理是相当正确的，也是完全必要的。可惜，当时的人们并没有太重视我的话，总以为我在说大话，其实，就是大话，也要作一点区分，切中时弊的大话，也是应该听的。

“上善若水”照壁

您在这里似乎着重说的是天人关系，请问其主旨何在？

陆德明像

陆德明，唐代经学家、训诂学家。他推崇庄学，善言玄理，认为庄子主张天人合一、两者兼重，有偏者皆为误也。著有《周易注》《周易兼义》《易释文》等。

庄子： 很清楚，这段话所要回答的主要问题是：天下大道是怎么回事？何以使天下大道得到人们的尊重？在天人关系上，我没有只强调“天”，也没有只强调“人”，我认为两者都是重要的。“天在内，人在外”，两者缺一不可。但必须指出，两者都重要，并不是说两者同等重要，两者中，“本乎天”，人的行为只有符合天意和事物的天性，才有好的结果，才说得上是符合道德规范的。一些人“乱天之经”，对天、对自然无所敬畏，我警告他们：“无以人灭天！”

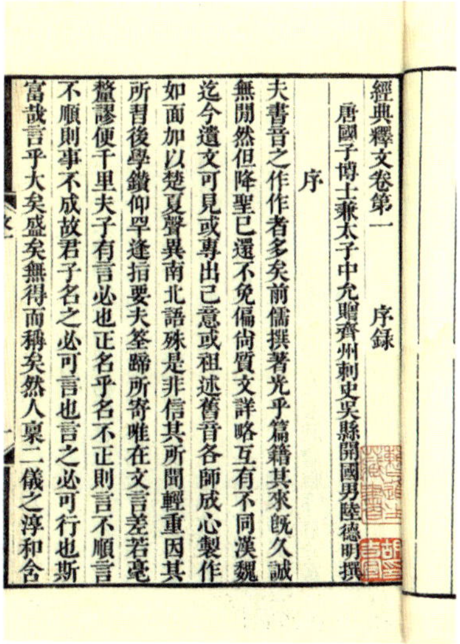

經典釋文卷第一　序錄
唐國子博士兼太子中允贈齊州刺史吳縣開國男陸德明撰
序
夫書音之作作者多矣前儒撰著光乎篇籍其來既久誠
無閒然但降聖已還不免偏尚質文詳略互有不同漢魏
迄今遺文可見或專出己意或祖述舊音各師成心製作
如面加以楚夏聲異南北語殊是非信其所聞輕重因其
所習後學鑽仰罕逢指要夫筌蹄所寄唯在文言差若毫
釐謬便千里夫子有言必也正名乎名不正則言不順言
不順則事不成故君子名之必可言也言之必可行也斯
富哉言乎大矣盛矣無得而稱矣然人稟二儀之淳和含

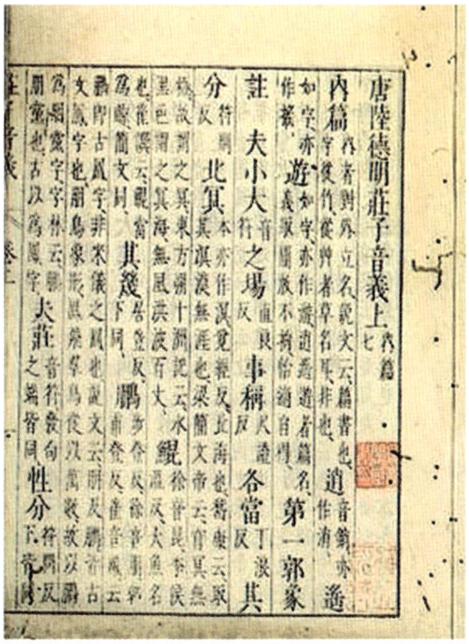

唐陸德明莊子音義上

《经典释文》及《庄子音义》（唐代陆德明）书影

唐代陆德明在《经典释文》序录中指出：“庄生宏才命世，辞趣华深，正言若反，故莫能畅其弘致。后人增足，渐失其真。”认为庄学乃“命世”之学，只是因为“正言若反”，故后世学者多所误会，以至于“渐失其真”。这一说法对后世影响极大。

在如何解决“乱天之经”的问题上，您开出的良方就是两个字：“心养。”（《在宥》）说得太简略了，请问：“心养”的奥秘何在？

庄子： 这中间没有什么奥秘可言。所谓“心养”，就是人心性的自我修养。我把一些人干出那么多的蠢事看作是心性的迷失。心性迷失了，就会逆天行事，就会干出这样那样的蠢事来。要把迷失的心性找回来，就得进行心性的修养。有位叫陈鼓应的学者写了《老庄新论》一书，其中说道：“纵览《庄子》全书，约有一百八十次谈及心，可知重视的程度。有客观描述，有负面分析（‘机心’‘贼心’等），还有正面提升的（如‘心斋’‘心养’等）。”把思想说成“心”的活动，可说是我的一大发明吧！这一发明虽说不太科学，但无疑影响了一代又一代的中国人，在促使代代华夏子孙好好用心想一想上，还是很有功绩的吧！我在《庄子》一书中一百八十余次强调“心”，特别强调“心养”，这里至少有两条值得提一下：一是抛弃那些小聪明和鬼主意，使心性“处无为”，让“物自化”，也就是我常说的处于无知、无欲、无为的“三无”状态。我要告诉人们的是，“无为”不是说什么事都不去干，而是指“无”做损害事物天性之“为”。二是做到“万物一府”（《天地》），也就是使万物与自我浑然一体，你中有我，我中有你，生死与共。“万物一府”与“万物齐一”是一个意思，与“物我为一”的含义也大致相同。

陈鼓应像

哲学家陈鼓应著有《庄子哲学》《庄子今注今译》《老庄新论》等，对庄子“心养”思想赞颂有加。他认为，庄学具有“净化人心”的功能，说：“凡是纠缠于现代人心中的那些引起不安情绪的因素，全都在庄子的价值系统中烟消云散。他扬弃世人的拖累，强调生活的朴质。他蔑视人生的偶像，夸示个性的张扬，否定鬼神的权威。在他所开创的世界中，心情永远是那样的无忧无虑，自由自在。”（陈鼓应：《庄子的影像》）

郑众像

郑众，东汉宦官。传其父《左传》之学，兼通《易》《诗》。画像藏台北故宫博物院。

我们发现，在您的文稿中，常用“一”字。比如“万物皆一也”(《德充符》)、“凡物无成与毁，复通为一”(《齐物论》)、“万物与我为一”(《齐物论》)、“万物一齐”(《秋水》)等，这些“一”，意义是否大致相同？是否有着您所界定的特殊含义？

石涛像

石涛，“清初四僧”之一，画家。自喻“庄子之徒”，作画构图新奇，有混沌感，无论是黄山云烟、江南水墨，还是悬崖峭壁、枯树寒鸦，或平远、深远、高远之景，都力求布局新奇，意境翻新。在绘画风格上所表现出来的“至人”“混沌”等观念出于《庄子》。石涛对山水的看法出自道家的宇宙生成论，其隐遁于江湖的人生轨迹，则遵循着道家的生活道路。

庄子：应该说，我所运用的“一”字，常常是有其各自的特殊含义的。但是，有两个含义是最为基本的：第一，万物“一”于物。不管物是这个物，还是那个物，都是“物”，这一点必须肯定，在“物”这点上，是齐一的。从一定意义上讲，“人”也是“物”，他应当而且必须齐于“万物”。第二，万物“一”于道。“恢诡谲怪，道通为一。”(《齐物论》)不管你的表现形式是怎样的诡谲多姿、色彩缤纷，也不管物的发展是怎样的变化多端，在都要受“道”的控制和规范这一点上，是完全一致的。“变化齐一，不主故常。”(《天运》)变化是绝对的，天在变，地在变，人也在变，这就是“变化齐一”的意思。但是，各种不同的“物”又有各自的变化个性，不拘泥于“故”(原先的变化形态)，也不限于“常”(一般的常规)。在哲学上，这可说是共性与个性的辩证统一。

石涛山水画

石涛是一个僧人，他强调绘画创作以庄学为根，“师法自然”“搜尽奇峰”，把绘画创作和审美体系构成为“借笔墨以写天地而陶泳乎我也”。

上面说到，您主张“天地与我并生，而万物与我为一”(《齐物论》)，这里两次提到了“我”。这个“我”指的是个体的“我”呢，还是作为人的群体的“我”？或者是对主体的泛指？

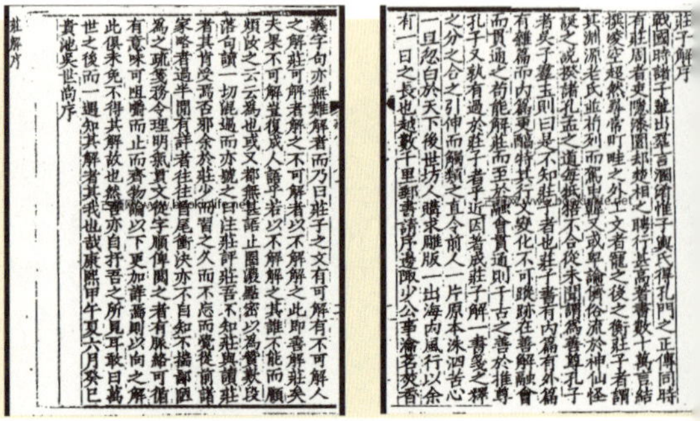

吴世尚《庄子解》书影

清代学者吴世尚对“齐物论”作了通俗的解释，他在《庄子解》中说：“齐，一也；物论，众论也。”

庄子：都可以。也就是说，有时指的是某一个体，有时又是指人类群体，有时又是泛指。比如我在《齐物论》的末章写了“庄周梦蝶”的寓言故事，这个故事中的“我”，指的就是庄周这一个体。“周与胡蝶则必有分矣。此之谓物化。”这里有分有合：分则一为蝴蝶，一为庄周；合则“物化”，一齐为物。清代的学者王先谦称这一寓言为“齐物极境”。齐物要“齐”到混沌状态，“齐”到物我为一，那才算得上是极境。

《荀子·劝学》书影

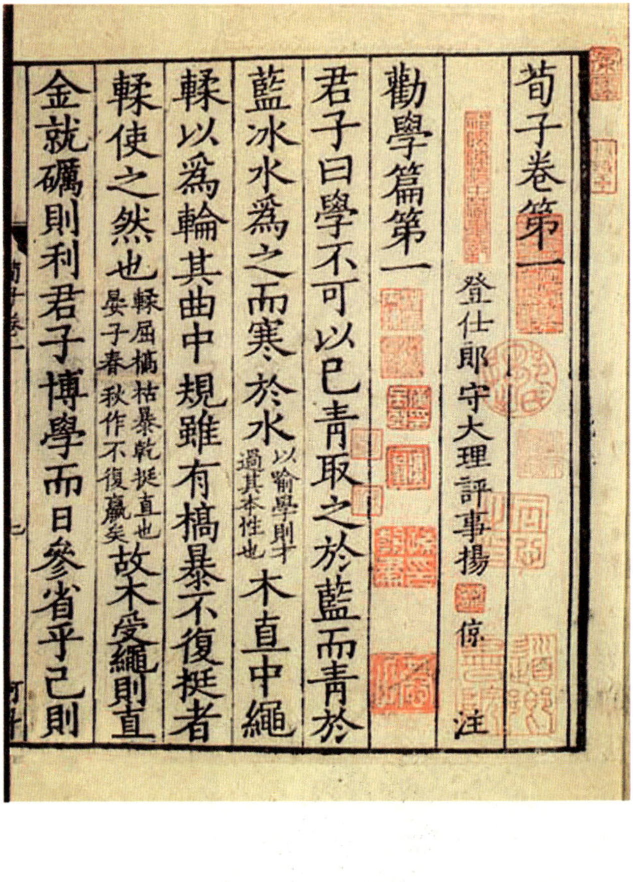

荀子卷第一 登仕郎守大理評事楊倞注
勸學篇第一
君子曰學不可以已青取之於藍而青於藍冰水爲之而寒於水以喻學則才過其本性也木直中繩輮以爲輪其曲中規雖有槁暴不復挺者輮使之然也輮屈槁枯暴乾挺直也晏子春秋作不復贏矣故木受繩則直金就礪則利君子博學而日參省乎己則

“天地与我并生，而万物与我为一”中的“我”，则大致上是整个人类了。“物我为一”的思想是要告诉人们，万物与人是一个统一体，密不可分，这是一种形象化了的“天人合一”思想。我强化了这种“天人合一”的思想，荀子却说我“蔽于天而不知人”，这完全是一种误解。

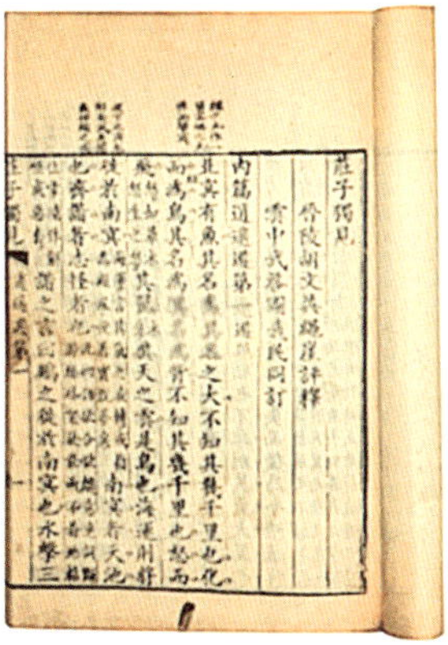

这种“物我为一”的思想，是您凭空想出来的呢，还是有一定依据的？比如，您说“物我为一”，其中总得包括“物”与“人”之间相互转变的过程。在这方面，您作过探究吗？

胡文英《庄子独见》书影

胡文英认为世事是变动不居的，此为打开理解庄学的钥匙。他在《庄子独见》中说：“读庄子，须把心收得细如游丝，虚而与之委蛇……跟着神气之轻重伸缩，寻觅将去，才能大叩大鸣，小叩小鸣。”（清·胡文英：《庄子独见》）

庄子：我发觉你在用词上很有分寸，你只是问我是否有所探究，而并没有问我有无研究。我认为世界上的一切都是变动不居的，人与物之间也是可以相互转变，可以“为一”的。我做了某些试探性的探索，有的只能算是猜想，还算不上是研究。要研究这样一个深奥的问题，谈何容易，恐怕就是我身后千年也难以有多少实质性的研究成果吧！我不敢说我是进行了研究的，我只是根据一些现象，作了大胆的猜想，最多只能说是探究吧。

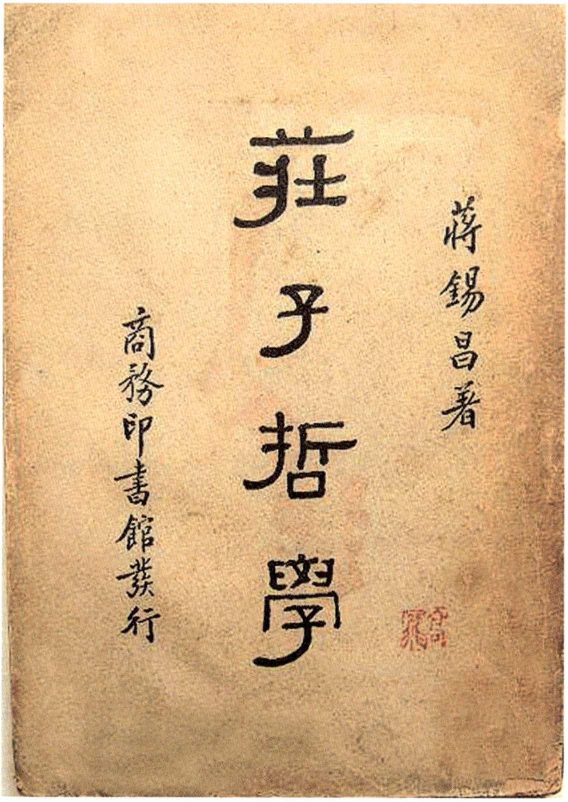

蒋锡昌《庄子哲学》书影

蒋锡昌从训诂的基础上理清庄子的哲学思想，认为庄子的“物我为一”是一种变化、发展之理，不要钻一字一句的“牛角尖”，不然难知“庄意之全与真”。

那您有没有具体的探究成果呢？我们是想问，有无用文字形式记录下来的探究报告？

庄子：有的。我对身边接触到的诸多东西进行比较、对照，觉得它们之间并不是截然分割的，而是有着某种内在联系的。经过比较、对照，最后形成了一个自己引以为傲的万物序列。在《至乐》中，我是这样写的："种有几，得水则为继，得水土之际则为蛙蠙之衣，生于陵屯则为陵舄，陵舄得郁栖则为乌足，乌足之根为蛴螬，其叶为胡蝶。胡蝶胥也化而为虫，生于灶下，其状若脱，其名为鸲掇。鸲掇千日为鸟，其名为干余骨。干余骨之沫为斯弥，斯弥为食醯。颐辂生乎食醯，黄軦生乎九猷，瞀芮生乎腐蠸，羊奚比乎不箰。久竹生青宁，青宁生程，程生马，马生人，人又返于入机（即"几"）。万物皆出于机，皆入于机。"

这段文字，也许自古及今没有几人能读懂它。其实，我自己也是模模糊糊，说不太清楚。但我还是十分珍视它。我认为，它的至"奇"至"妙"之处就在于发前人所未发，言世人所未言。我就根据我所掌握的那一点儿知识，勾勒出了一幅"万物进化图"。

胡适像

胡适认为《庄子》一书中一再讲到物种与物种之间的相齐相通，这是庄子思想的光辉，他指出："《庄子》最大的特色就是进化论。庄子的进化论有时很像近人的'适者生存'之说。"（胡适：《庄子的进化论》）

胡适《中国哲学史大纲》书影

大多数学者以为庄子的人生哲学是悲观的，而胡适却认为："庄子的人生哲学，只是一个达观主义。这种达观的根据都在他的天道观念。在他看来，人只要'依乎天理，因其固然'，就能步入至善至美之境。"

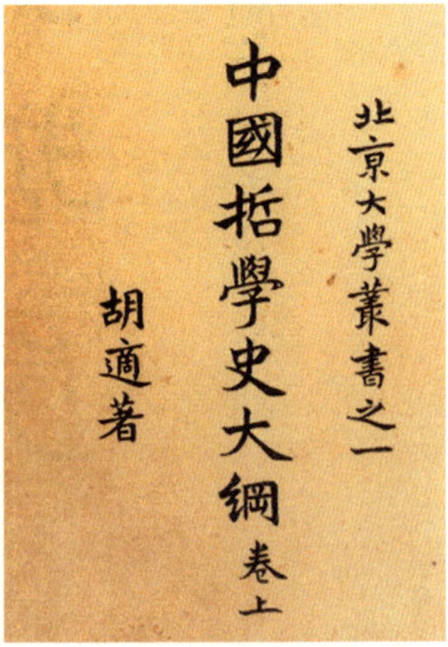

这是一幅万物进化图？太有意思了！我们只知道万物进化的观念是近代的大生物学家达尔文提出来的，哪知道您在他之前两千多年就相当明晰地提出来了。不过您上面的那段话用了许多生僻字，读不太懂，能不能作一点简要的说明？

达尔文像

达尔文，英国生物学家，进化论的奠基人。从剑桥大学毕业后，他乘“贝格尔号”进行了历时五年的环球旅行，观察并搜集了大量植物和地质方面的资料，形成了生物进化观。1859年，他出版了《物种起源》一书，此为生物学史上一个转折点。庄子的进化观虽没达尔文的那样完整和科学，但比达尔文早了两千多年。

庄子：当然可以。我描绘的这条生物进化之路，也就是后世常说的生物之链，大致上是这样的：

几（物之种）→继（水中原始草类，比“几”更复杂些的物种）→蛙蠙之衣（水中的原始生物）→陵舄（车前草）→乌足（陆生草类）→蛴螬（虫草）→胡蝶→虫（陆生爬虫）→鸲掇（灶马）→鸟（干余骨鸟）→斯弥（陆生动物）→食醯（醋）→颐辂（虫类，生在食醋里）→黄軦→瞀芮（蚊子类）→羊奚→久竹→青宁（虫类）→程（豹子）→马→人→机（即“几”）。

在这个生物进化的路线图中，处在顶端的是作为万物之灵的“人”。但是，我认为，“人”再高明，它还是“物”的一种。然而，兜了一大圈，最后又要回到万物之种“机”（“几”）上来。

《南华真经》（明代王宠小楷）书影

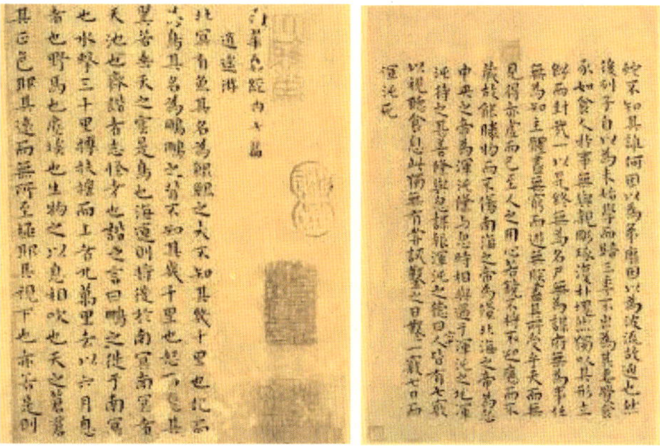

您真了不起，短短百余字，就把宇宙间万物的变化、发展过程精略地描绘了出来，还理出了一个大致的头绪，您真伟大！正如胡适在《庄子的进化论》一文中说的："《庄子》最大的特色就是进化论。庄子的进化论有时很像近人的'适者生存'之说。"我们要问的是，作为您"最大的特色"的进化论，在实际中，其进程又是怎样的呢？

释德清像

释德清，明末高僧，号憨山，少入江宁大报恩寺，师从无极法师，倡导禅宗、华严宗合一，释道儒一体，曾刺血书《华严经》。他推崇庄学，认为庄学奇在于"进"。

庄子：我说了，我所做的只是一种探索，一种大胆的猜想，还称不上科学。当然，说是我"最大的特色"还是可以的，因为在诸子百家中，在我身后相当长的岁月中，没有人像我这样系统地提出过。至于我的观点是否正确、是否严密，这是个很大的问题，但无论如何，这也是我的"特色产品"吧！我把物的变化发展分为二十多个阶段，人也是其中的一个阶段，从这个意义上说，人也是物，是物的一类、物的一部分。如果一定要说我伟大的话，倒不是因为我说得有多么正确，而是因为我敢于猜想，敢于发挥。

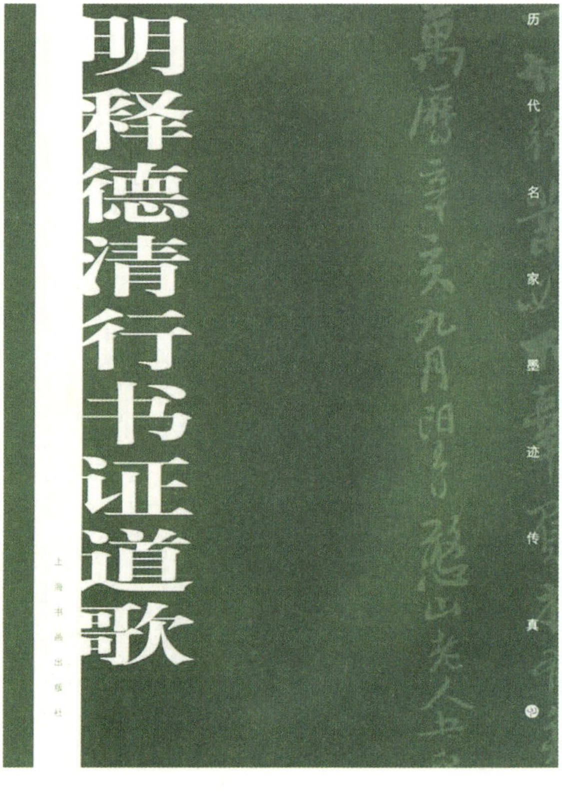

《明释德清行书证道歌》书影

释德清把庄学与治世直接挂起钩来，著文说："庄子之学，以内圣外王为体用。"（明·释德清：《庄子论》）

我们认为您超乎寻常的奔放不羁的猜想中，有着科学精神的萌芽。第一，您猜想到了整个生物界不是散乱的，而是以链状串联在一起的，仅这一点，就非常了不起。第二，您猜想到了生物的最原始状态是微生物一类的“几”。就这一点，可说是分子论的前驱。第三，您猜想到了“水”是生命之源。第四，您猜想到了人在生物链中的位置，人虽然站在了生物链的顶端，但也是“物”的一种。仅此四点，我们就可以说您伟大了，这是科学精神之萌芽。我们这样总括而言之，您能接受吗？

庄子：不敢当，不敢当！我也是天马行空地乱想，是被我“蒙”对了。我这个生于“蒙”地的人，就是善“蒙”。当然，“蒙”要有胆量，要“大胆设想，小心求证”。可以说我的生物进化图中，是设想和求证兼而有之的吧。对此，《晋书》有不少篇幅论及了“万物皆以无为本”的发展规律。

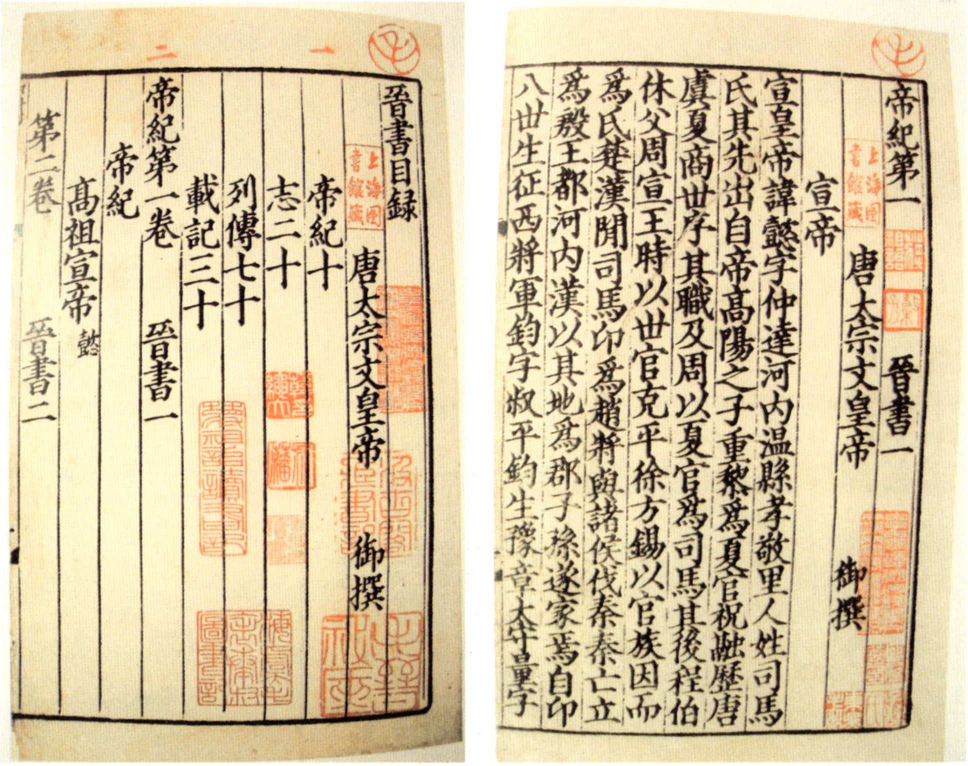
晋書目録 唐太宗文皇帝 御撰
帝紀十
志二十
列傳七十
載記三十
帝紀第一卷 晋書一
帝紀
高祖宣帝 懿
第二卷 晋書二

帝紀第一 唐太宗文皇帝 御撰 晋書一
宣帝
宣皇帝諱懿字仲達河内温縣孝敬里人姓司馬
氏其先出自帝高陽之子重黎爲夏官祝融歷唐
虞夏商世序其職及周以夏官爲司馬其後程伯
休父周宣王時以世官克平徐方錫以官族因而
爲氏楚漢間司馬卬爲趙將與諸侯伐秦秦亡立
爲殷王都河内漢以其地爲郡子孫遂家焉自卬
八世生征西將軍鈞字叔平鈞生豫章太守量字

《晋书》书影（宋刻本，现存上海图书馆）

魏晋时玄学兴起，不少学者搬出了久被遗忘的庄子之学。“魏正始中，何晏、王弼等祖述老庄，立论以为，天地万物皆以无为本。”（《晋书·王衍传》）

说到您的想象力，真是让人佩服得五体投地。就“夫物，量无穷，时无止，分无常，终始无故”（《秋水》）的论说就足以使您不朽了。这样精到独特的观念，也是猜想出来的吗？

谢安像

谢安，字安石，东晋政治家、军事家。他尊崇庄学“时无止，分无常”以及“清静宽简”之说，行“镇以和靖，御以长算。不存小察，宏以大纲”之策。

庄子：当然是。在我那个时代，根本不可能像你们一样进行实验、试验、量化等，只能靠观察、积累经验进而猜想。好在我超脱了尘世，思想就可以天马行空，产生出许多新奇的想法来。

你刚才说到的那句话所表达的是一种“四无”的观念：其一是“量无穷”。这里的“量”不仅是指数量，更多的是指品种；无穷，是说品种难以计数，达到了“无穷”的程度。其二是“时无止”。时间是物质存在的形式，时间不会停止，物质的变化发展也永不停步。其三是“分无常”。分是名分、称呼。物质在变，不同时间段，它的称呼也要变，永无常态。比如，“人”死后，只能称“尸”，不能称“人”了。由“人”到“机”，名分上再叫他“人”就不妥了。其四是“终始无故”。这是一个总结，是说物的变动无始无终，永无结果。有的学者把第四句解释为“变化日新”，这是相当精到的。“故”是旧，“无故”就是新。说到底，我想告诉人们的就是一个“新”字。《礼记·大学》中有“日新，日日新，又日新”的提法，我是承继了这一说法的。

《礼记》书影

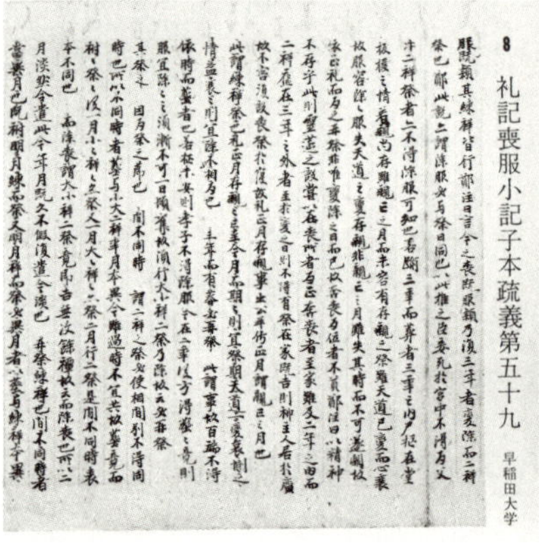

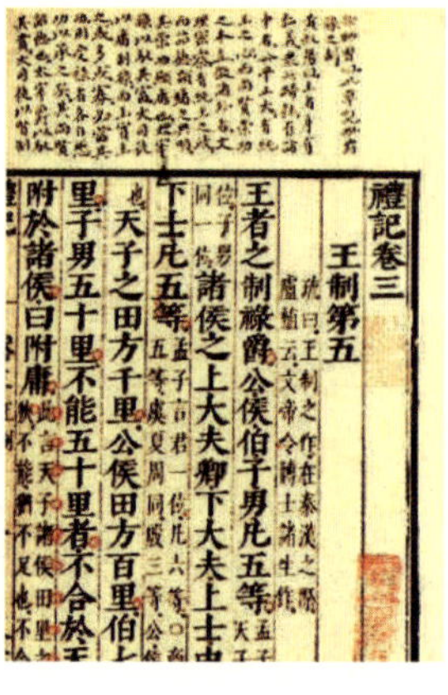

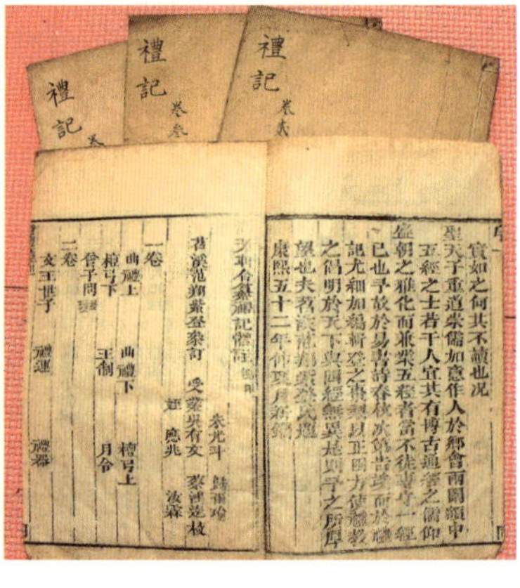

唔，正是从“变化日新”的观念出发，您想告诉世人：贵贱、大小、有无等都是相对的，都是暂时的，只有变化才是永恒的。您想深深烙在人们头脑中的，是这一思想吗？

郑玄像

郑玄，东汉末年经学大师。他推崇老庄之学，奉“物无贵贱”之说，守节不仕，隐居授徒，遍注儒家经典，以毕生精力整理古代文化遗产，使经学进入了一个“小统一时代”。

庄子：是的。在我看来，除了“新”，除了“变”，什么都是相对的。世间有贵贱吗？“以道观之，物无贵贱。”（《秋水》）有用则贵，无用则贱，都是相对的。万物的大小之别也是相对的，“知天地之为稊米也，知毫末之为丘山也，则差数睹矣”（《秋水》）。“差数睹”，就是从不同的角度看。万物有有无之别吗？一个人活着，说他“有”，一个人死了，能说是绝对的“无”吗？不能，他只是存在的形式变了。归结起来，还是“变化日新”四个字。可以说，一切具体的事物都是相对的，只有变化才是绝对的。

郑玄著作书影

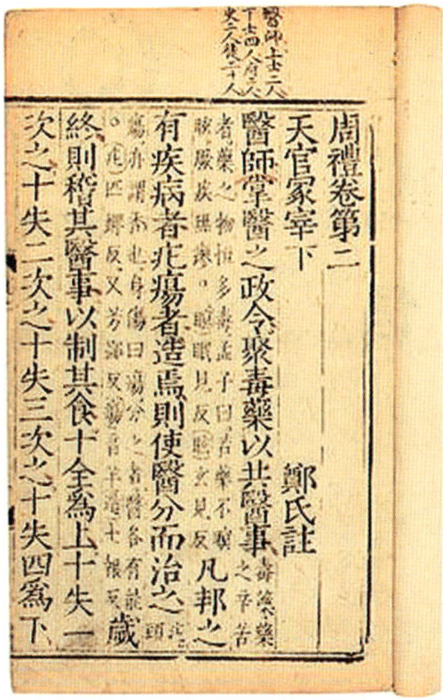

周禮卷第二
天官冢宰下　鄭氏註
醫師掌醫之政令聚毒藥以共醫事
凡邦之有疾病者疕瘍者造焉則使醫分而治之
歲終則稽其醫事以制其食十全爲上十失一次之十失二次之十失三次之十失四爲下

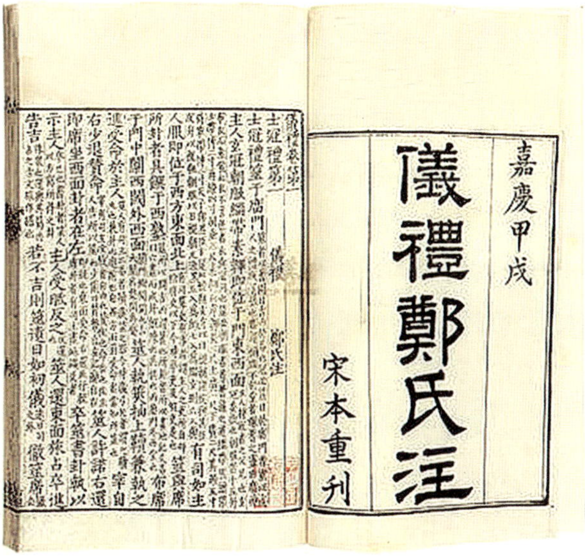

嘉慶甲戌
儀禮鄭氏注
宋本重刊

一切事物，包括人，都可以这样看吗？

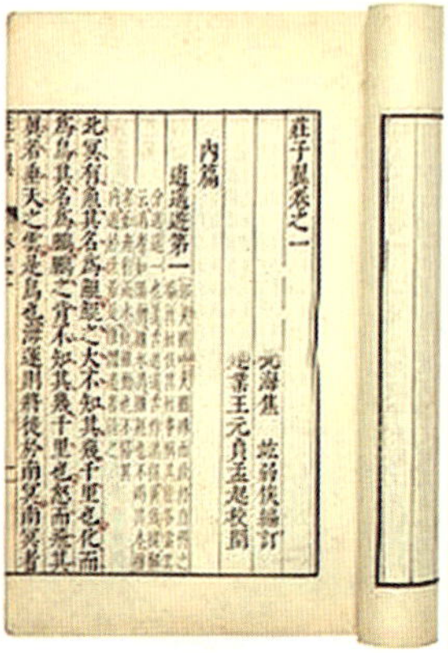

焦竑《庄子翼》书影

焦竑，明代学者，号漪园、澹园，推崇庄老之学，认为人要有“四海、九州之志”，著有《老子翼》《庄子翼》《澹园集》（正、续编）《焦氏笔乘》等。

庄子：当然是这样。我有这样一段话大家可以好好去读一读：“计四海之在天地之间也，不似礨空之在大泽乎？计中国之在海内，不似稊米之在大仓乎？号物之数谓之万，人处一焉。人卒九州，谷食之所生，舟车之所通，人处一焉。此其比万物也，不似豪末之在于马体乎？”（《秋水》）不知大家读懂了没有。我这里有这样一些相对的参照物：天地——四海——九州——九州万物——九州人——人的个体。看，四海大了吧，可它与天地比起来，只是大泽中的一个蚁孔（礨空）而已。中国大了吧，可它与四海比起来，只是米仓中的一颗米粒。中国人口众多了吧，可它也只是中国这块大地上万物中的一物而已。中国的每一个人都自以为了不起了吧，可是要知道，他与全体中国人比起来，只是马背上的一根毫毛而已。这样看人，贵贱、高下、尊卑之类的相对性，不是很清楚了吗？要这样看问题，非要有大视野、大胸襟不可。二十世纪的伟人毛泽东面对世界不是也发出了“小小寰球”的感叹吗？在这里，他是从整个宇宙的视野看地球的，他的观念和思想方法与我相似。

《澹园集》书影

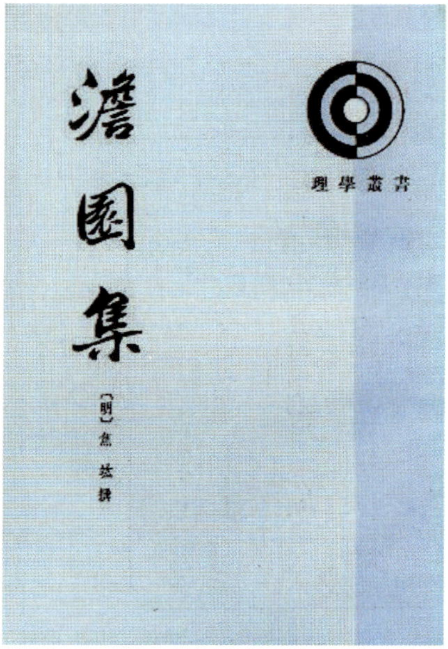

现在大家常说一句话:“我想穿了!”其实,在我们看来,您这般分析事物,才是真正想“穿”了呢,是不是?

王弼像

王弼,魏晋玄学理论的奠基人。他在中国历史上第一个提出“体用”的概念,并以此评价老庄之学。他说:“圣人体无,无又不可以训,故言必及有。老、庄未免于有,恒训其所不足。”这实际上是点明老子和庄子本质上是入世的。

庄子: 对了!“想穿”,就是把事情想透、想彻底。我上面讲的就是透彻的话,这样想了,你还会想不“穿”吗?你还会为芝麻大的世事烦恼个没完没了吗?“人生天地间,若白驹之过隙,忽然而已。”(《知北游》)不管你活到多少岁,“忽然”一下就过去了,说没就没了,有什么了不得的呢?关键是要把握好这“忽然”,将“有涯”的人生融入“无涯”的大千世界之中。这样想问题,你还能想不“穿”吗?你还能不利用这“忽然”的有限时日,去做一点有意义的事吗?我的《庄子》中虽然未完整引述《周易》中的语句,但从精神气质上看,我的思想是与《周易》相通的。“君子终日乾乾,夕惕若。厉,无咎”,这句话本身就含有勤勉做事、警惕危险、珍视生命的意思。注《周易》的王弼深明《周易》与老庄之学相通之理。

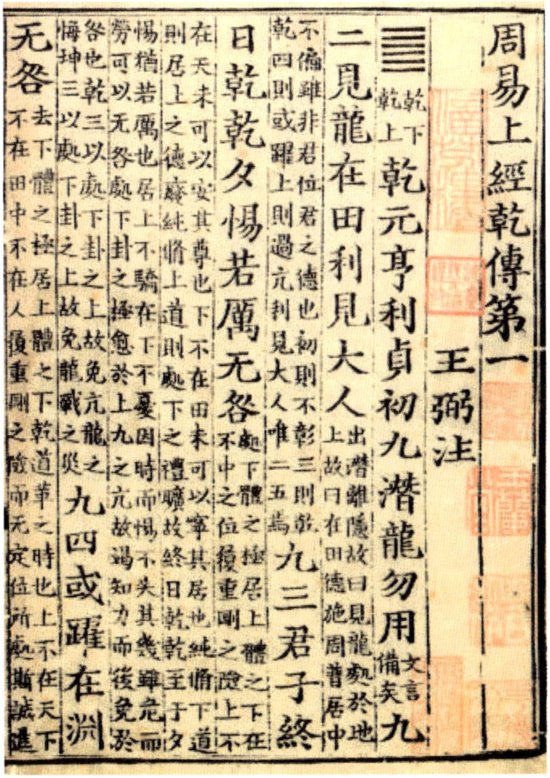

周易上經乾傳第一

王弼注

乾下乾上 乾元亨利貞初九潛龍勿用九二見龍在田利見大人九三君子終日乾乾夕惕若厲无咎九四或躍在淵无咎

王弼《周易注》书影

王弼就是用老庄之学的本体论来解释《易经》的。

您的一系列论述，与其说是要人把生命看穿，倒不如说是要人把物欲看穿，这似乎是您提出“物我为一”说的真正目的所在。这样理解可以吗？

范文澜像

范文澜，著名历史学家。他认为庄子乃是一个极端自然主义者，弃天下、功名，宣扬“物我为一”的思想，崇尚自然。他在《诸子要义》中通过考察《养生主》《人间世》《大宗师》《天下》等篇中的内容，断定庄子之学出于孔子，师事于颜氏之儒。此论“信而有征”。

庄子： 完全可以这样理解。人折腾来折腾去，还不是物欲在作祟？《红楼梦》中空空道人唱过一首《好了歌》，就是嘲讽世人的。这首歌的歌词是这样的：“世人都晓神仙好，唯有功名忘不了。古今将相在何方，荒冢一堆草没了。世人都晓神仙好，只有金银忘不了。终朝只恨聚无多，及到多时眼闭了。世人都晓神仙好，只有娇妻忘不了。君生日日说恩情，君死又随人去了。世人都晓神仙好，只有儿孙忘不了。痴心父母古来多，孝顺儿孙难见了。”我的道，与老子的道还是有不少区别的。老子的道是天地万物的抽象，难以捉摸，难以言状，真是“道可道，非常道”。而我的道，通过种种寓言故事加以形象化了，进而成为神仙之道。我所说的圣人、至人、真人，从一定意义上理解就是神仙。《红楼梦》揭示的正是世人那种既说“神仙好”，又舍弃不了世间的荣华富贵、万贯家财、子孙满堂这样的矛盾心理。人们都说我的理论混沌，在正确对待物欲上，我可清醒得很呢！把物欲看“穿”了，人就彻底清醒了。一首《好了歌》，“好”在要人清醒，“了”在能把物欲看穿。把物欲看透了，断绝了贪欲，还有什么可牵挂的呢？在我看来，有了这样的“真圣人”，社会也就坏不到哪里去了。

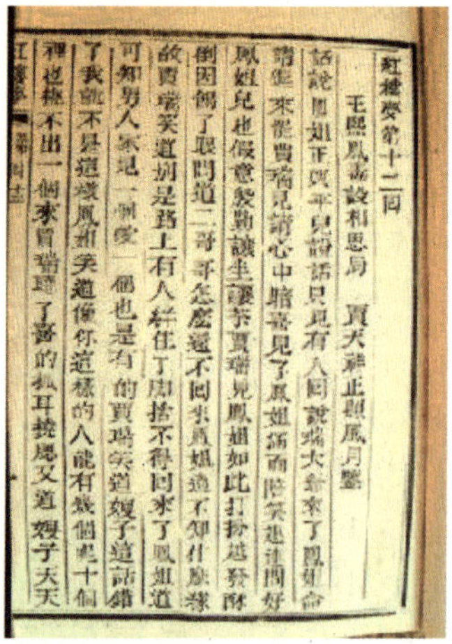
紅樓夢第十二回

王熙鳳毒設相思局　賈天祥正照風月鑑

話說鳳姐正與平兒說話只見有人回說瑞大爺來了鳳姐命
請進來罷賈瑞見請心中暗喜見了鳳姐滿面陪笑連連問好
鳳姐兒也假意殷勤讓坐讓茶賈瑞見鳳姐如此打扮越發酥
倒因餳了眼問道二哥哥怎麼還不回來鳳姐道不知什麼緣
故賈瑞笑道別是路上有人絆住了腳捨不得回來了鳳姐道
可知男人家見一個愛一個也是有的賈瑞笑道嫂子這話錯
了我就不是這樣鳳姐笑道像你這樣的人能有幾個呢十個
裡也挑不出一個來賈瑞聽了喜的抓耳撓腮又道嫂子天天

《红楼梦》书影

在现代社会中，有这样一句话——“金钱不是万能的，但没有金钱是万万不能的”，您似乎也说过类似的话，是不是？

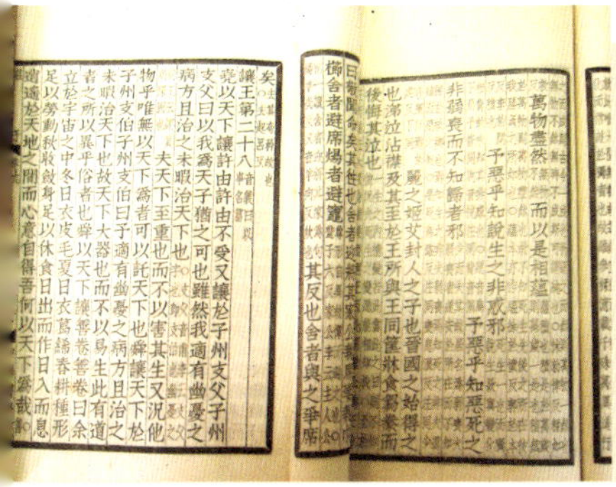

《庄子·让王》书影

庄子：是的，我也说过。我说：“贱而不可不任者，物也。”（《在宥》）这句话有两层意思：其一，物是“贱”的。这里说的“贱”是相对于“道”而言的。“贱”实际上告诉人们，物绝不是万能的。“行于万物者，道也。”（《天地》）“道”是万物的主宰，它是万能的。而物，包括一切的物，相对而言，还是“贱”的，因为它根本不可能是万能的。其二，人每时每刻都离不开“物”，“不可不任者”，相当于说离开它是万万不能的。应该说，这话我说得很客观、很实在。这些思想与老聃、孔丘等人的思想相近，这也难怪后人常说我的思想源于老聃、孔丘，有的人还主张“三教合一”。

三教圣像图（金代）

图中孔子立于释迦牟尼左侧，长须飘前，双手相合，面对老子躬身如作揖状。老子披发免冠，大耳垂肩，双手抱拳，似在向孔子还礼。说的是孔子当年往周都问礼于老子的事，也是金代盛行“三教合一”的反映。

按照我们的理解，您的许多说法都是在规劝人们，不要去做物欲和金钱的奴隶，是不是这样？

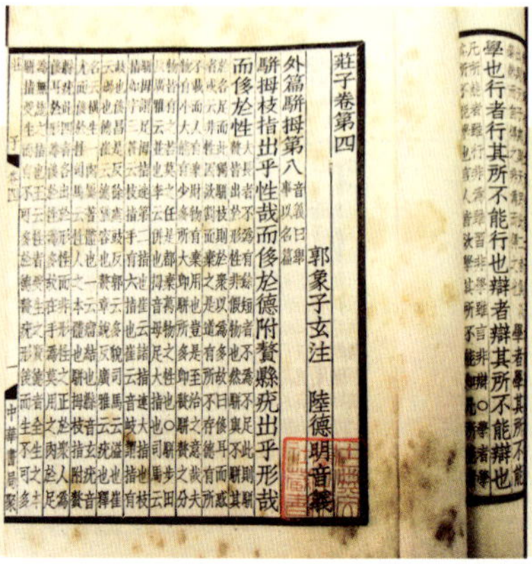
莊子卷第四
外篇駢拇第八
郭象子玄注　陸德明音義
駢拇枝指出乎性哉而侈於德附贅縣疣出乎形哉而侈於性

《庄子·骈拇》书影

《骈拇》篇是《庄子》外篇的第一篇。“骈拇”是说脚的大脚趾跟二脚趾连在一起了，成了畸形的脚趾。这对于人体来说都是多余的东西，影射人们道德上的不正常发展，“为物所役”者就是这样的人。因此，在全篇述说中多次成为多余的、人为附加的代称。

庄子：这话我不知说了多少遍了。我说过，不要“为物所役”，也就是不要被财物所役使，成为财物驱使下团团打转的“奴隶”。有一种人是“丧己于物”（《缮性》），把自己出卖给物而丧失了自我，这样的人还算是人吗？有的人更可怜，“危身弃生以殉物”（《让王》），为了那一丁点财物，连命都不要了。这样的人，我那个时代有，你们这个时代也有，是不是？

我说过，“财物”是一种诱惑力，弄得不好，人就被惑了。“小惑易方，大惑易性。”（《骈拇》）小的诱惑会使人迷失方向，大的诱惑则会使人失去本性，完全成了一头追逐物欲的野兽了。愿世人“不惑”，愿世人铭之、慎之、戒之。

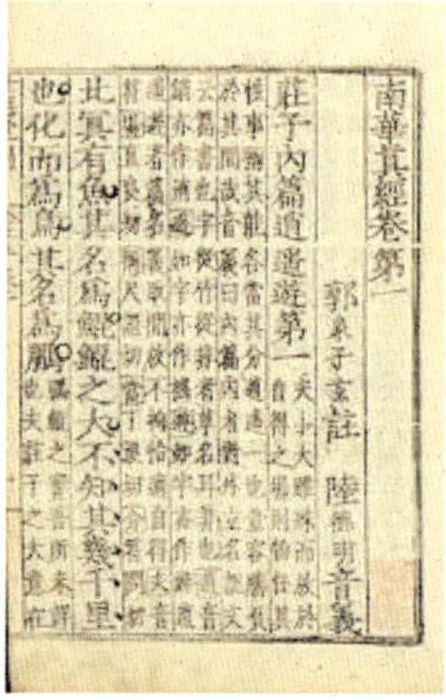
南華真經卷第一
莊子內篇逍遙遊第一
郭象子玄註　陸德明音義
北冥有魚其名為鯤鯤之大不知其幾千里也化而為鳥其名為鵬

《南华真经》书影

世间有“富一代”“富二代”的说法。我曾劝说富有者：“弃隶者若弃泥涂，知身贵于隶也。”（《田子方》）其意是，应像抛弃泥团一样舍弃奴仆的侍奉，你要懂得一个人的人格比拥有奴仆更可贵。这种劝说也许有用，也许无多大作用。如果这些富人真能照我说的做，那么他们不只能富一二代，就是富十代、百代也行。我在“富”字上也做了不少文章，有两点可以供大家参考：其一，“有万不同之谓富”（《天地》）。意思是说，真正的富有者是能包容万物（“有万”）、接纳异类（“不同”）的人，那样的富有者才是胸怀宽广的达观之人。其二，“富而使人分之”（《天地》）。自己富有了以后，能将财富“分”济别人，让大家共同享用，这才是我笔下的“德人”。

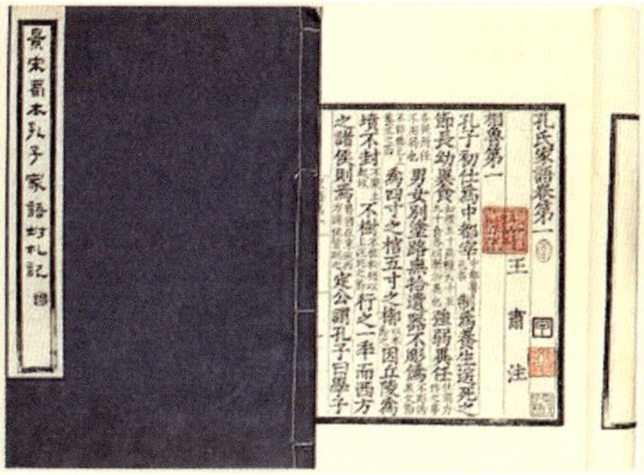

如何正确对待物欲和金钱，是人怎么也绕不开的大课题。您认为正确的态度该是怎样的?

王肃《孔子家语》书影

三国时魏国儒家学者、著名经学家王肃对今文、古文经意加以综合，以其深厚的文化底蕴，借鉴《礼记》《左传》《国语》等名著，又参考《庄子》中的记载，编写了大量以孔子为主人公的寓言故事，集结成《孔子家语》。

庄子：怎样对待物欲和金钱，从根本上说，直接涉及如何做人、做怎样的人的问题，我归结为三条，供大家参考：

一是要当个明白人。“物物而不物于物。”（《山木》）物是生不带来死不带去的，因此不要太较真，要懂得使用物（“物物”），而不当物的奴隶（“物于物”）。“物于物”的人，是把自己等同于一般的物了。要知道，人可是万物之灵啊！

二是要当个聪明人。“胜物而不伤。”（《应帝王》）既要取得某些必需的财物，并充分利用这些财物，又不能去伤害自己和别人。我还提出了“与物为春”（《德充符》）的准则。人需要财物，就像需要阳光一样。但人需要的是春天的温和的阳光，不能太“热”了，太“热”了会出事。至于如何才算是“为春”，得靠你自己去把握。

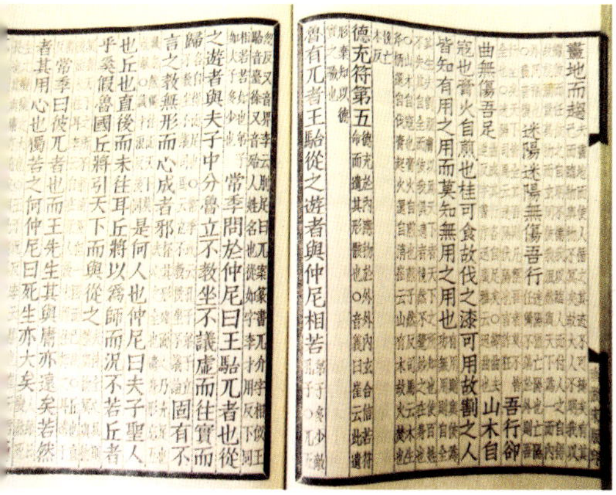

《庄子·德充符》书影

三是做个超然人。要力求“与天和”“与人和”（《天道》），在“和”字上，我的观念与儒家有某些共通之处。“无天怨，无人非，无物累，无鬼责。”（《天道》）达到这样的“四无”境界，尤其是“无物累”，这样的人能不逍遥自在吗?

再说一遍，做人就要做明白人、聪明人、超然人，不那样，只能算是白活一世的“废人”了。正如我在《齐物论》中所说的那样：“天地与我并生，万物与我为一。”这也是我对后世的赠言。

说到“物我为一”，必然会涉及一些具体问题，比如辩论的是非问题。您说过，假使我与你辩论，你胜了我，你就果真“是”，我就一定“非”吗？我胜了你，我就一定“是”，你就一定“非”吗？我俩非得有一个“是”，有一个“非”吗？抑或都“是”，抑或都“非”吗？我与你无法判断，人各执己见，就会有所不明。那我们请谁来判定呢？请意见与你相同的人来裁判，即与你相同了，怎能判定呢？请意见与我相同的人来裁决，即与我相同了，怎能判决呢？请意见与你我都不同的人来裁决，即与你我都不同，又怎能断定你我究竟谁是谁非呢？请意见与你我都相同的人来裁决，即与你我都相同了，又怎能裁定？既然我们都不能确定谁是谁非，那又靠谁来判定呢？您这样提出问题和回答问题，岂不是相对主义吗？

庄子：是不是“相对主义”，由你们去评说吧！不过，有一点必须尊重：事物皆有两面性，从彼方面看，无不是彼；从此方面看，无不是此。自彼方看问题看不清楚，自此方看问题则很明白。因此圣人不拘泥于是非之途，而明照于天道。“是亦彼也，彼亦是也。彼亦一是非，此亦一是非。”（《齐物论》）我们不是在讨论这一话题吗？在是非问题上，往往是“是亦一无穷，非亦一无穷”（《齐物论》），从齐物角度看，是与非也是同一的。在某种情况下是“是”，在另一种情况下是“非”，是在“无穷”变化着的。因此，我主张“分也者，有不分也；辩也者，有不辩也”（《齐物论》）。就是说，在理论上，可有分别，也可不分别；可有所辩论，也可有所不辩论。我最后的结论是：“大辩不言！”还是让“道”来自然而然地作出判定吧！

龚自珍像

龚自珍，清代文学家、思想家，改良主义的先驱。他对庄子“法天贵真”“淡然无极”的“自然”观极为赞赏，曾自称有“老庄心”，常常感慨“庄骚两灵鬼，盘踞肝肠深”，汲取了庄子不受羁绊的“齐物论”思想的丰富养料。

《南华真经》书影

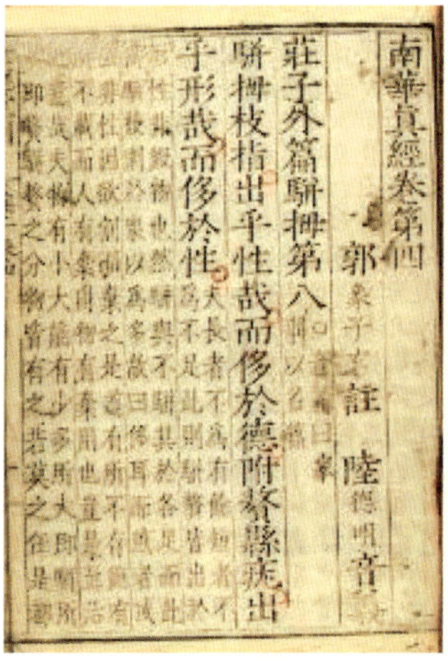

南華真經卷第四

郭象子玄註 陸德明音義

莊子外篇駢拇第八

駢拇枝指出乎性哉而侈於德附贅縣疣出乎形哉而侈於性

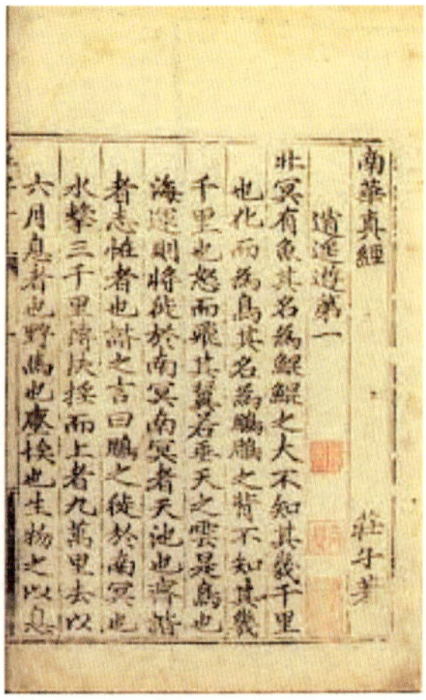

南華真經

逍遙遊第一 莊子

北冥有魚其名為鯤鯤之大不知其幾千里也化而為鳥其名為鵬鵬之背不知其幾千里也怒而飛其翼若垂天之雲是鳥也海運則將徙於南冥南冥者天池也齊諧者志怪者也諧之言曰鵬之徙於南冥也水擊三千里摶扶搖而上者九萬里去以六月息者也野馬也塵埃也生物之以息

刘禹锡像

刘禹锡，唐代文学家、哲学家，有"诗豪"之称。他喜读《庄子》，有载"为爱《逍遥》第一篇"，实际上就是刘禹锡当时所追求的人生境界。东晋诗人陶渊明曾说："吾不能为五斗米折腰，拳拳事乡里小人邪！"遂走上了辞官归田、躬耕隐居之路。刘禹锡认为陶渊明并没有真正掌握庄子《逍遥游》的精神，而认为自己对庄子哲学有精深的理解。他在《偶作二首》中写道："终朝对尊酒，嗜兴非嗜甘。终日偶众人，纵言不纵谈。世情闲静见，药性病多谙。寄谢嵇中散，予无甚不堪。"

刘禹锡雕像

七〇 问庄子

有一天，您偕弟子穿行在崇山峻岭之中。时值秋冬之际，万木凋零，枯草遍野，黄叶漫卷，乌鸦哀号。您破帽遮头，旧衣裹身，脚穿烂麻草鞋，踩着崎岖的山路，迎着萧瑟的秋风，望着惨淡的夕阳，不禁仰天长啸，放声高歌道："至乐无乐，至誉无誉。"（《至乐》）弟子不解，问道："先生一向乐观大度，今日为何引吭悲歌？"我们也想问一句，这是为什么？

庄子： 应该说这是可以理解的。我想知道：天下有至乐的国土吗？有可以保全自身的诀窍吗？身处当今乱世，干什么正当，不干什么无凶？住在哪儿为安，逃向哪儿无险？依靠什么可靠，舍弃什么无忧？喜欢什么合理，厌恶什么无祸？人是有情感的，每个人都有喜怒哀乐。这样的悲歌长啸，是我对社会现状愤愤不平的一种发泄，也是对生与死、哀与乐的一种深层认知。我在《至乐》篇中第一句就写道："天下有至乐无有哉？"虽然是设问的句式，但答案是明显的—天下没有真正的至乐，乐与哀，总是相伴而行的。"人之生也，与忧俱生。"（《至乐》）我的悲歌长啸，正是要告诉人们人生的真谛。"至乐无乐，至誉无誉。"最大的快乐就是无所谓快乐，最大的荣誉就是无所谓荣誉，所谓快乐和荣誉只是人的一种感觉。人不能跟着感觉走，只有在无快乐中体验快乐、在无荣誉中体验荣誉的人，才是真正的悟道之人。

您曾编织过一个离奇的寓言故事，其中您与骷髅对话谈到“死之乐趣”和“人间之劳”，您是想表达什么深意？

冯梦龙像

冯梦龙，明代文学家、戏曲家。编著有《喻世明言》《警世通言》《醒世恒言》（合称“三言”）。冯梦龙在小说《庄子休鼓盆证大道》中，把庄子写成超越生死、有变化之术的神仙，可谓是集庄子传说之大成。冯梦龙对庄子的描写表达了他对庄子绝对自由、漠视名利、放荡不羁的逍遥精神的赞赏。

庄子：这里有两条：一是对现实世界无情的批判。在我看来，所谓父母之爱、妻子之情、闾里之仁、知遇之恩，都只是“人间之劳”而已。二是对梦境世界的深情追寻。这种梦境世界就是髑髅处身的鬼府世界。在那个世界里，“无君于上，无臣于下，亦无四时之事”“虽南面王乐，不能过也”。（《至乐》）这是一个平等的世界、至乐的世界。

在我那个时代，追寻那样一个至乐世界的条件显然还不成熟，因此我将这个世界安置在死后和梦境之中。但是，我坚信这样一个世界是迟早会到来的。

《喻世明言》《警世通言》《醒世恒言》书影

您在《齐物论》中说："举莛与楹，厉与西施，恢诡谲怪，道通为一。"这段话的蕴涵似乎有点朦胧，您能否告诉我们它表达的是什么意思？

王羲之像

王羲之认为"生死"是有根本差别的，"彭殇"也不能等量齐观。他对庄子的"一死生""齐彭殇"观点展开了批判，认为是"虚诞"和"妄作"。但他不是否定老庄的全部思想和学说，说庄学"有其理，合其情"，予人以胸怀。

庄子：这里有两层含义：其一，肯定了个体的殊异性。"恢诡谲怪"即个性的张扬，尊重每个个体或群体之间的差别。齐一不等于划一，齐一允许"恢诡谲怪"现象的存在，允许个性，而以齐物精神等同观之。其二，"道通为一"则是说个体虽然千差万别，但在"道"的世界里却可以相互会通，消除物与物之间存在的隔阂。因此，小草（举莛）与大木（楹）、丑陋女人（厉）与美女（西施）之间就有了共通点，在"道"面前都可以"通为一"。这种齐物精神要有多视角的思考及开阔的心胸才能达到。

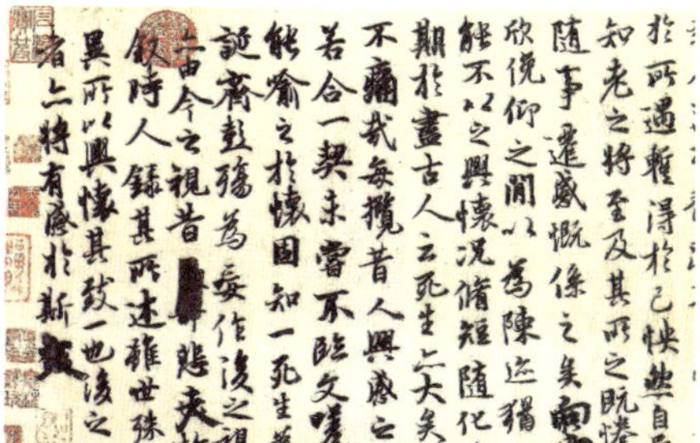

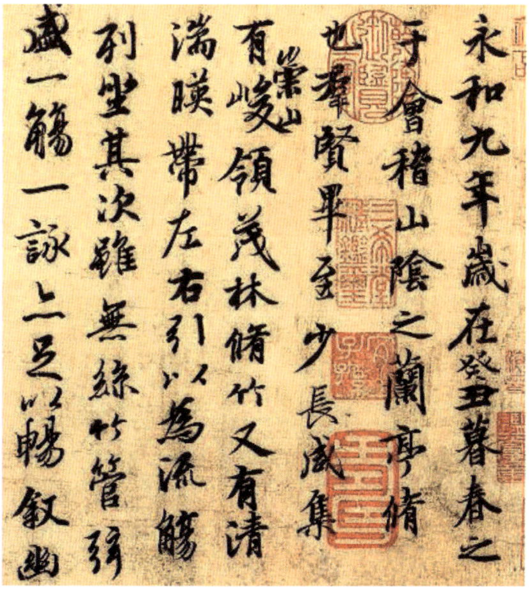

《兰亭序》（局部）

《兰亭序》有言："固知一死生为虚诞，齐彭殇为妄作。"其大意是，我当然知道把死和生混为一谈是虚诞的，把长寿与夭亡等量齐观是荒谬的。

七三问庄子

您说："牛马四足，是谓天；落马首，穿牛鼻，是谓人。故曰：'无以人灭天，无以故灭命，无以得殉名。谨守而勿失，是谓反其真。'"（《秋水》）这是天人论方面的经典论说，您能否为我们解释一下？

司马承祯像

司马承祯，唐代道士。崇尚"无以人灭天"的庄老之学，无心仕宦之途。师事嵩山道士潘师正，得授上清经法，后来遍游天下名山，隐居在天台山玉霄峰，自号"天台白云子"。司马承祯文学修养很高，与陈子昂、李白、孟浩然、王维等并称"仙宗十友"。他认为治国当以"无为"为本，熔儒家《中庸》的正心诚意和佛家的止观禅定等学说于一炉，创造出一套以老庄之学为主体的道家修真理论，著有《修真秘旨》《坐忘录》等近二十种，收入《四库全书·道藏》。

庄子：我先把这段话翻译一下：牛马生了四足，那是天然的禀赋，它要活动，要自由奔驰，是很自然的事。后来，人给牛马套上了笼络，穿了牛马的鼻孔，这是人为，是为了束缚它们。不要以人为去灭绝生物的天性，也不要用世故去排除天命，更不要为得失为功名而去做殉葬品。这些道理要牢记，才能返归于真啊！这里的关键词是"无以人灭天"。在我看来，"天"是最高的主宰，你灭不了它，想灭它，只会自取灭亡。我从这一自然原则出发，认为真正的自由在于任其自然，具备了理想人格的人就是无条件地与自然为一的"至人"。

我在《逍遥游》中说，小鸠和列子等都有所待，所以都称不上绝对的自由，真正获得自由的"至人"是无所待的，这样的"至人"超脱于是非、名利、生死之外，进入"天地与我并生，万物与我为一"的境界。我以自然为自由的观点有两重性：一方面要人完全顺从自然命运的安排，认为"得者，时也；失者，顺也。安时而处顺，哀乐不能入也，此古之所谓县解也"（《大宗师》）；另一方面也包含着人只有遵循自然规律活动才会感到自由的合理因素。总而言之，我强调遵循自然的原则，反对人为。

第三章 博大真人

庄子直到终老之时，仍然是一个孤独的智者，超然的高人，寂寞的"愤老"。对世俗，愤愤然；对世态，愤愤然；对世情，愤愤然。他絮絮叨叨，说个没完没了。说这个世界这也不行，那也不行；说世人这也不是，那也不是。其实，他是多么爱这个世界啊！他多么希望世俗、世态、世情向良性转变啊！

庄子似乎估计到有人会反诘：您老人家说现实世界不行，那请您拿出"行"的方案来；您老人家说世人的所作所为都不是，那请您拿出"是"的典范来。庄子是个非同寻常的智者，对于这些诘难，他早有准备，他不慌不忙，从从容容，把你引入一个超凡脱俗的"道"的世界，并为你捧出了一个活灵活现的"博大真人"形象。

读了您的书，我们感到，在您的眼里，这个世界实在太糟糕，世情世风不行，人情世故不行，上上下下、大大小小的人们品行风貌不行，这个世界实在是不可救药了！难道真是这样吗？

庄子雕像

庄子：都说我是个愤世主义者，我想，我的确是这样一个人。我所处的时代，到处是你争我斗、钩心斗角，到处是追名逐利、物欲横流，这样的世界太可憎、太可怖了。“天下之所尊者，富、贵、寿、善也。所乐者，身安、厚味、美服、好色、音声也。”（《至乐》）物欲掩埋了人的天性，引起人与人之间的大争斗、大厮杀。有些被称为君子的人，嘴上说得好听，心里想的无非就是“名利”二字。关于“名利”问题，《尹文子·大道上》有道：“故曰礼义成君子，君子未必须礼义，名利治小人，小人不可无名利。”务知此语玄妙。名利是场，名利是网，几多较量，几多迷茫。名利是帆，名利是樯，几多奋斗，几多沮丧。一个古老的哲理，一个常新的命题，世上没有不为名利的超人，只有善待名利的人，才是智者。若是人人都清心寡欲，那将是一个怎样的世界？若是个个都利欲熏心，那又是一种怎样的情景？在我看来，在这点上就连被称为圣王和君子的人也不能例外。“三王之所争，仁人之所忧，任士之所劳，尽此矣。”（《秋水》）这里说的“尽此矣”，指的无非是一个“名”字，一个“利”字。他们的所争、所忧、所劳，还不就是“名利”二字吗？表面上勤勉地做“好事”，骨子里不还是为了获得“美名”，坐收“渔利”吗？我说这个世界不可救药，就是有感于此。

《尹文子·大道》书影

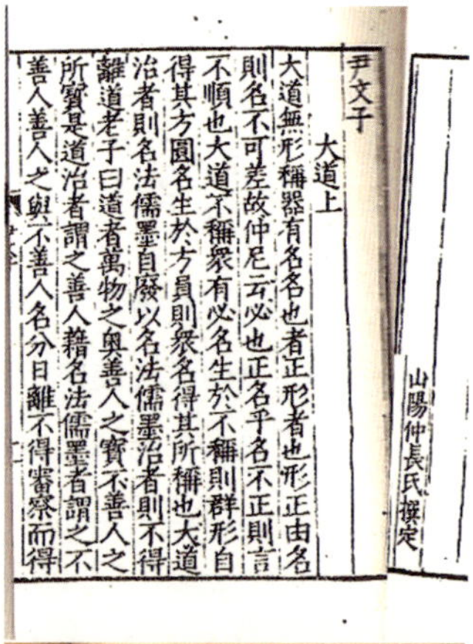
山陽仲長氏撰定
尹文子
大道上
大道無形稱器有名名也者正形者也形正由名
則名不可差故仲尼云必也正名乎名不正則言
不順也大道不稱衆有必名生於不稱則群形自
得其方圓名生於方員則衆名得其所稱也大道
治者則名法儒墨自廢以名法儒墨治者則不得
離道老子曰道者萬物之奥善人之寶不善人之
所寶是道治者謂之善人藉名法儒墨者謂之不
善人善人之與不善人名分日離不得審察而得

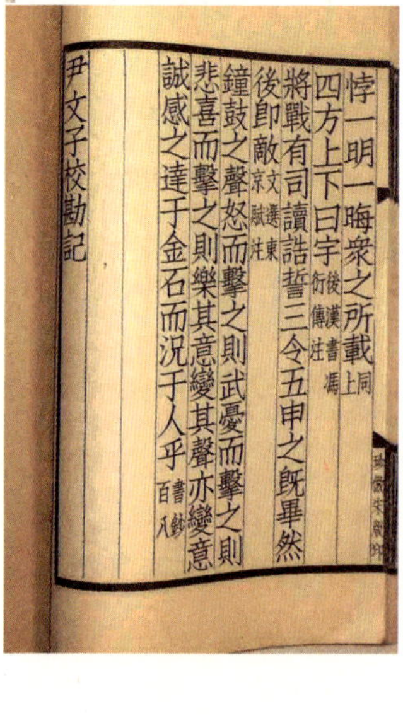
悖一明一晦衆之所載同上
四方上下曰宇後漢書馮衍傳注
將戰有司讀誥誓三令五申之既畢然
後即敵文選東京賦注
鐘鼓之聲怒而擊之則武憂而擊之則
悲喜而擊之則樂其意變其聲亦變意
誠感之達于金石而況于人乎書鈔百八
尹文子校勘記

面对物欲横流、厮杀争斗的现实社会，您似乎有点失望，于是推出了著名的“游世”说，也就是以游戏的态度来对待人生、处理世务。看来，您可以说是“难得糊涂”论的鼻祖了，对吧？

贾平凹像

贾平凹，著名作家。贾平凹对庄子研究甚深，在《废都》一书中，他用近似于赞赏的文字塑造了当代主人公庄之蝶，为自己塑造一个理想的梦境。有评论说，给主人公取名为“庄之蝶”的目的，无外乎是为了达到与“庄子梦蝶”一样的效果。

庄子： 可以这样说。“游世”说是我提出来的，而且是我一再宣扬的。请看，《庄子》一书开宗明义的第一篇就是《逍遥游》，着重讲的就是一个“游”字。在《庄子》三十三个篇章中，“游”字所用的次数接近百次，是我使用得最多的字眼之一。吃、穿、住、用、行、交友、学习、玩耍，我都主张以游戏态度对待之。在《山木》篇中，我说：“人能虚己以游世，其孰能害之？”在《外物》篇中，我说只有“游于世而不僻”的人，才称得上是“至人”。在《养生主》中，我认为，只有在世间“游刃有余”的人，他的活动天地才会恢宏巨大。我在《天地》中说，为人不能太“明白”了，还是“游世俗之间”为好，其中隐含着“游戏人生”和“难得糊涂”的意思。“糊涂”不容易啊，你看世间有几人能糊涂的？真是难得糊涂啊！那样做当然是不严肃的，但当时的世道如此不堪，不得不这样做啊！

“难得糊涂”碑刻

“螳臂当车”这个成语是您说的，说一辆大车开过来，您是一只螳螂，想伸出自己的臂膀去阻挡它的前进，可能吗？到头来非被压死了不可。您认为，您所处的那个世界不是修修补补就能挽救得了的，谁想修补这个世界，只会像“以其臂当车辙”的螳螂一样，非得被压得粉身碎骨不可，原因是“不知其不胜任也”(《人间世》)。就算你本事再大，也胜任不了这个任务。您认为，要想拯救这个世界，只有彻底打碎它！您真的认为这个世界修补不了了吗？

庄子：那是肯定的，至少在我看来是如此。我考察了三皇五帝到现世从事征战的国君们，他们为了个人的私利，可以不顾世人的死活而胡作非为。我说的彻底打碎这个旧世界，就是要把当时人们那种贪得无厌、喜好争斗的恶习都铲除，只有这样，才能再造一个新世界。当然，据我所知，在我之后的有些帝王，比如汉文帝，把我创建的“庄学”用于治理国家，以“无为”精神安民定邦，也不失为一个好皇帝。但在我看来，他们没有切实做到“清静无为”，只不过是修修补补，所以不能根本解决当时社会所存在的问题。

汉文帝像

汉文帝之母喜读老庄之书，视老庄“无为而治”之说为治国方略。汉文帝坚持“清静无为”“躬修节俭”，实行轻徭薄赋的政策，汉代因此出现了“文景之治”。

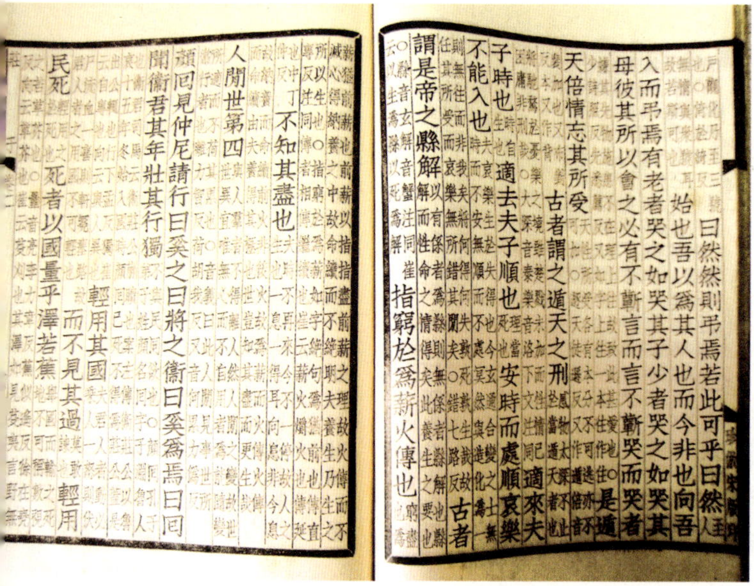

曰然則弔焉若此可乎曰然始也吾以爲其人也而今非也向吾入而弔焉有老者哭之如哭其子少者哭之如哭其母彼其所以會之必有不蘄言而言不蘄哭而哭者是遁天倍情忘其所受古者謂之遁天之刑適來夫子時也適去夫子順也安時而處順哀樂不能入也古者謂是帝之縣解指窮於爲薪火傳也不知其盡也

人間世第四

顏回見仲尼請行曰奚之曰將之衛曰奚爲焉曰回聞衛君其年壯其行獨輕用其國而不見其過輕用民死死者以國量乎澤若蕉

《庄子·人间世》书影

那么，请问：崭新的、美好的世界在哪里呢？您是否会像西方的空想主义者一样，在尘世之外的某个荒岛上，去“创造”一个“乌托邦”式的新世界呢？

曹参像

曹参，西汉开国功臣、名将，是继萧何之后的汉代第二位相国。曹参推崇庄子的“清静无为”思想，极力主张以“黄老”思想治国，实行轻徭薄赋的政策，让百姓休养生息。

庄子：既然我彻底地否定了尘世，我就必须像你们了解的西方哲人一样“创造”中国式的“乌托邦”。读了《逍遥游》以后，不少读者会问：那大鹏为何要“水击三千里”，飞得那么远呢？那大鹏又为何要“扶摇而上者九万里”，飞得那么高呢？道理很简单，就是为了摆脱不干不净的现世，就是为了逃离多灾多难的尘世。“九万里则风斯在下矣”，没有风尘的干扰，大鹏就可以自由自在地去寻找洁净的“天池”了。有人说我的“乌托邦”将建筑在两处：一是在鬼府，一是在仙境。此言不错。

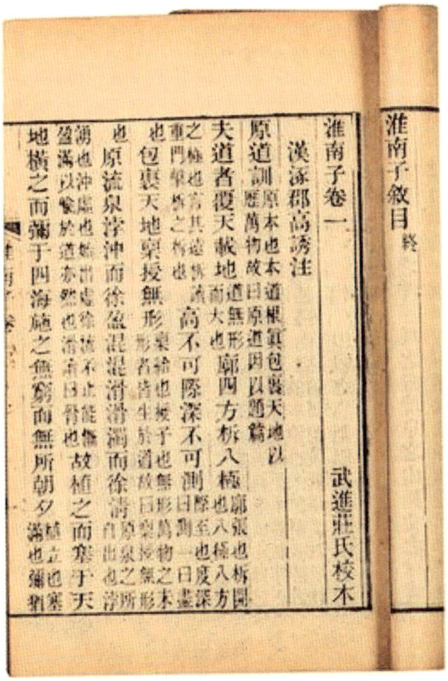

淮南子敘目終

淮南子卷一　　武進莊氏校本

漢涿郡高誘注

原道訓

夫道者覆天載地廓四方柝八極高不可際深不可測

包裹天地稟授無形

原流泉浡沖而徐盈混混滑滑濁而徐清

故植之而塞于天

地橫之而彌于四海施之無窮而無所朝夕

《淮南子》书影

《淮南子》是淮南王刘安组织的一个学术团体的研究成果汇编，成书大约在汉景帝时期。《淮南子》把《庄子》与《老子》更紧密地联系在一起，把庄子与老子合称为“老庄”正是源于《淮南子·要略》，认为老庄思想可归为“老庄之术”，奉行“无为之治”。

您真的认为鬼蜮世界比现实的世界更美好吗？您立论的依据在哪里呢？

汉明帝像

汉章帝像

庄子：在《徐无鬼》一篇中，我特意塑造了徐无鬼这样一个可爱的形象，他见了魏武侯，双方有一场谁的日子过得好的争辩。魏武侯认为，你徐无鬼“苦于山林之劳”，缺吃少穿的，还是出来当个官，日子才会过得舒坦。徐无鬼认为，自己隐居于山村，没有嗜欲，没有好恶，日子过得舒坦着呢！通过徐无鬼和魏武侯的一场争辩，我想告诉人们，无为清静、休养生息才是治国之道。而我在《至乐》中又借鬼之口说，比隐居更好的是鬼蜮世界，大家反正都是鬼，一律平等，岂不是更好？拿“鬼”字做文章，这在战国时期的学者中，我算是独树一帜的吧。希望读者能体察到我的良苦用心。

汉明帝、汉章帝尊崇黄老“无为”之术，奉行光武帝的“休养生息”政策，他们的施政风格同光武帝一样，因此出现了“明章之治”。

汉宣帝像

汉宣帝刘询奉行了汉武帝以来“霸王道杂之”的“汉家制度”，可以说是一种行之有效的治国方略，其理论根据就是老庄的黄老之学。

汉武帝像

汉武帝听取董仲舒的建议，“罢黜百家，独尊儒术”。尽管如此，他并没有放弃黄老之学。汉武帝“推恩令”的理论基础就是庄子“日取其半”之说，有学者断言汉武帝受到《南华经》里面这句经典叙述的启发。其“无为而治”的治国方略，正是庄老之术。

您说鬼蜮世界好，但对一般人来说，一说到“死”，总会感到恐惧。我想问的是：是否有比鬼蜮世界更美好的去处呢？换句话说，您不会把鬼蜮世界当成是至善至美的理想境界吧？

孔颖达像

孔颖达是唐初大儒，他遵循唐王朝“尊崇道本，宏益化源”的旨意，在《五经正义》的注疏中多引道家之言，他的阐释可以说是会通了儒、玄。有学者认为孔氏之注疏兼正统性和异质性于一体，可视为“上承下启，实兼两端”的最佳儒学标本。

庄子： 如果说有比鬼蜮世界更美好的地方的话，那就是我向往的神仙世界。在极为遥远的姑射山那里，有我心目中的仙境。“姑射之山，有神人居焉：肌肤若冰雪，淖约若处子，不食五谷，吸风饮露，乘云气，御飞龙，而游乎四海之外，其神凝，使物不疵疠而年谷熟。”（《逍遥游》）这是一个神人仙境。一是神人的体态优美，不像世俗世界的人那样都面目可憎。二是那里的人“不食五谷”，那人们也就不用为吃穿这些“俗事”而你争我斗了。三是自由自在，人们可以乘着云气，驾着飞龙，遨游于“四海之外”。请注意，一般人以为，“遨游四海”已经是够大气的了，因为四海已够大的了，而仙境的人们可以到四海之外去云游四方，那舒展和自由是可想而知的了。如此仙境，岂不美哉！如此神人，岂不善哉！显然，这是我心中的仙境。

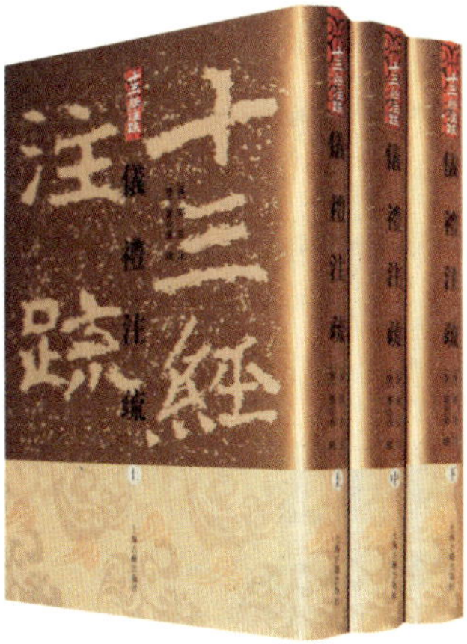

《十三经注疏》书影（上海古籍出版社出版）

后人为了便于查阅，将《易》《诗》《书》《周礼》《礼记》《仪礼》《公羊传》《穀梁传》《左传》《孝经》《论语》《尔雅》《孟子》的注和疏与唐代陆德明《经典释文》的注音合刊成一部书，这就是现在通行的《十三经注疏》。

在这里，您似乎不只在告诉人们美好的世界在哪里，还在告诉人们美好的"人"该是怎样的。读您的整部作品，您不只对这个世界厌而恶之，还对世人的不觉悟以及名利之心表现出极大的不满和反感。您不只在"创造"新世界，也在"创造"新人，是不是这样呢？

庄子：是的，你把我的意思揣摩透了。归根到底，我要说的其实还是人。只有新世界，没有新人，一切都还是虚妄的。我要"创造"的是新人，这种新人的典范，就是我所塑造的超尘脱俗的"真人"。简单地说，"真人"是我理想中的人。

唐玄宗像

唐玄宗奉行"尊崇道本，宏益化源"，还在《命贡举加老子策制》中规定"老子《道德经》，宜令庶士家藏一本"，贡举时必须加试"老子策"。此举对老庄之学的发展起了极大的推动作用。

开元通宝钱币

唐玄宗李隆基统治前期的开元年间，唐朝进入极盛时期，也是唐朝高度发展的黄金阶段，史称"开元盛世"。"开元通宝"象征着"天圆地方"的繁荣社会。

何谓"真人"？后世人们的解释很多。后来的道教也用"真人"这个词，世俗社会也用，陶行知先生就教育学生"千学万学，学做真人"。不知您字典里的"真人"二字是何意？

陶行知雕像

陶行知，现代教育家。他的教育宗旨是："千教万教教人求真，千学万学学做真人。"陶行知笔下的"真人"与庄子所说的"真人"不尽相同，更多的是追求真理的人的意思。

庄子：我想还是简单一些说吧。我觉得，"人"是一个极为庄严的字，而社会上的某些人，实在配不上"人"这个称号。我说"真人"，它的对立面就是"假人"，表面是人，但从本真意义上看，还不是"真人"。要成为真人，至少要符合以下两条：一、真人应体现道的精神。真人是真正的圣人，"圣人将游于物之所不得遁而皆存"(《大宗师》)。这里的"游于物"与游于道是同义的。二、真人是有真知的，"且有真人而后有真知"(《大宗师》)，一般人所谓的"知"，实际上是一种人为的智巧，而唯有真人才能明于道，且与道同行。

《红楼梦》就是在"真人"和"假人"上做足了文章。一部《红楼梦》，出场的人物有上千人，说来说去，实际上就是"真""假"二字。小说主要写的是贾家(假家)，而背后又有一甄家(真家)。"贾"是浮出水面的，是现实世界的；"甄"是隐在水底的，是理想的，乌托邦式的。《红楼梦》体现了我的思想宗旨，那本书其实也是写"乌托邦"的。书中的主角贾宝玉是想当"真人"的，他厌恶这个世界，厌恶主宰这个世界的所有男人。他想当一个"真男人"，但没有当成——那个世界不让他当，最后没办法，只得"出家"去了。《红楼梦》作者曹雪芹做的是我的"庄周之梦"，可是，他无法圆这个梦。

严遵像

严遵，西汉成帝时的隐士，他好老、庄之学，慕"真人"而修身自保，晚年招徒授《老子》，年九十而终。画像藏台北故宫博物院。

您对理想人格的提法似乎有多种，比如，您在《逍遥游》中说："至人无己，神人无功，圣人无名。"这里说的至人、神人、圣人，与您说的真人意思是一样的吗？

武则天像

武则天实行"僧道并重"的宗教政策，提倡"老庄之学"。

庄子： 完全是一样的。圣人、至人、神人，本质上也在于一个"真"。"圣人和之以是非而休乎天钧"（《齐物论》），天钧，就是用无为的精神去调和一切，圣人的可贵之处在于有真情。"知天之所为，知人之所为者，至矣！"（《大宗师》）至人的可贵之处在于有真知；神人则"天地乐而万事销亡"（《天地》），即与天地同乐，与万物一起消亡，贵在德真。具备真情、真知、真德的人，皆可称之为真人。能做到忘记自我、抛却贪欲、不图名利的人，就是真人。因此，我可以明确地告诉后人，真人也就是至人、神人、圣人。说真人是至人，那是因为他的形象是至高无上的；说真人是神人，是因为在现实世界里是难以找到的，显得神乎其神了；说真人是圣人，是因为他的品质实在太出众了。

武则天无字碑

您把讲真人的那个篇章定名为“大宗师”，那么，真人与道，与大宗师之间有着一种怎样的内在联系呢？

唐太宗像

唐太宗在处理儒、道、释诸家的关系时，是相当灵活的。孔颖达与唐太宗君臣相善，唐太宗这种“兼容并蓄”的态度，自然影响到孔氏正义对道、玄、释诸家的汰除留有余地。杨向奎曾指出：“这一种推崇老、庄的风气，一直到初唐仍然存在……唐人正义引用老子者不下几十条，引用庄子者也有几处，出于唐人的《隋书·经籍志》也充分表达了这种思想。”

庄子：这个问题你提得实在太好了，那是必须搞清楚的。我要明确告诉大家，在这里，道、真人、大宗师，是三位一体、不可分的。“夫道，有情有信，无为无形，可传而不可受，可得而不可见，自本自根。”（《大宗师》）道的“情”，就在于变化；道的“信”，就在于自然；道的“可传”“可得”，在于感悟，在于体察；道的“不可受”“不可见”，在于不可言传。道“根”于道的自身，本于道的自身，道存在于万物之中。真人之“真”，不在于其他，就在于得道，就在于真正承认“有情有信、无为无形”之道。这样的真人，也就成了人世间的真正宗师了。而所谓“宗师”，则是指道学的祖师爷。

《隋书》书影

《隋书》八十五卷，由唐代魏征等人主编。其中的《经籍志》体现了盛唐时代的人们将儒、道兼纳于一体的开阔胸襟。

八四问庄子

清代王先谦在《庄子集解》中，牢牢抓住“人犹效之”四字展开论述，说“效之言师也”，一下点出了“大宗师”的主题。您认为他说得有道理吗？

王先谦像

王先谦是清末著名学者，他说：“余治此（庄子）有年，领其要，得二语焉，曰：‘喜怒哀乐，不入于胸次。’窃尝持此以为卫生之经，而果有益也。噫！是则吾师也夫！”（清·王先谦：《庄子集解》）

庄子： 很有道理。宗师，也就是后世人们说的大师。根据“人犹效之”的原理，这里似乎有两层意思：一是真人“效”大道，一切取法于道，以道为“宗师”，他本人也是道所生的；二是世人“效”真人，以真人为楷模，拜真人为“宗师”。通过这样两层推进，就可以“创造”一个新世界，也就可以“创造”一代新人了。

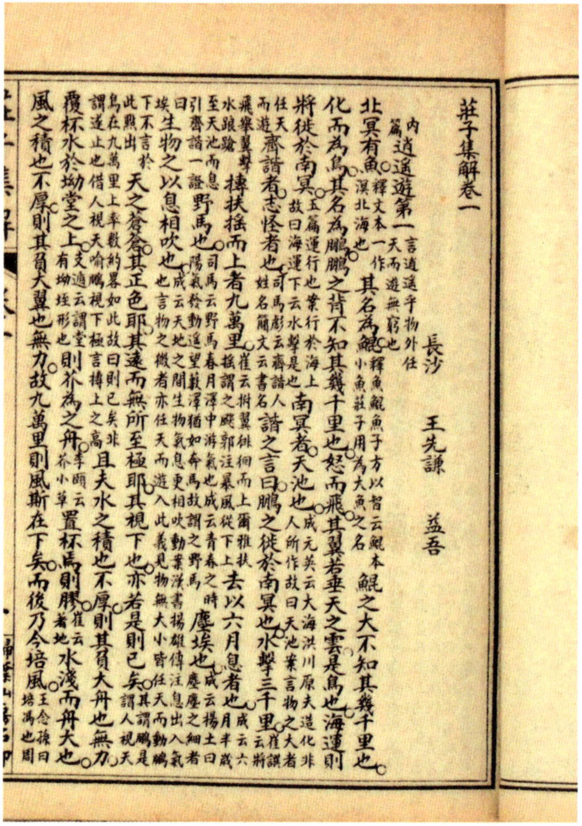

莊子集解卷一

長沙 王先謙 益吾

内篇逍遥遊第一 言逍遥乎物外任天而遊無窮也

北冥有魚 釋文本一作溟北海也 其名爲鯤 釋魚鯤魚子方以智云鯤本小魚莊子用爲大魚之名 鯤之大不知其幾千里也

化而爲鳥其名爲鵬鵬之背不知其幾千里也怒而飛其翼若垂天之雲是鳥也海運則

將徙於南冥 玉篇運行也衆行於海上故曰海運下云水擊是也 南冥者天池也 成元英云大海洪川原夫造化非人所作故曰天池業言物之大者任天而遊

齊諧者志怪者也 司馬彪云齊諧人姓名簡文云書名 諧之言曰鵬之徙於南冥也水擊三千里 崔譔云將飛舉翼擊水踉蹌

摶扶搖而上者九萬里 崔云拊翼徘徊而上爾雅扶搖謂之飆郭注暴風從下上 去以六月息者也 成云六月半歲至天池而息引齊諧一證

野馬也 司馬云野馬春月澤中游氣也成云青春之時陽氣發動遥望藪澤猶如奔馬故謂之野馬 塵埃也 成云揚土曰塵塵之細者曰埃

生物之以息相吹也 成云天地之間生物氣息更相吹動業漢書揚雄傳注息出入氣也言物之微者亦任天而遊入此義見物無大小皆任天而動鵬下不言於此點出

天之蒼蒼其正色耶其遠而無所至極耶其視下也亦若是則已矣 其謂鵬是謂人視天鳥在九萬里上率數約畧如此故曰則已矣非謂道止也借人視天喻鵬視下極言摶上之高 且夫水之積也不厚則其負大舟也無力

覆杯水於坳堂之上 支遁云謂有坳垤形也 則芥爲之舟 李頤云芥小草 置杯焉則膠 崔云著地 水淺而舟大也

風之積也不厚則其負大翼也無力故九萬里則風斯在下矣而後乃今培風 王念孫曰培馮也閭

《庄子集解》书影

现存《庄子》注本多达数十种，王先谦的《庄子集解》被公认为是集庄学之大成者。该书精选历代注家中最精当之见，并表述作者自己的观点。

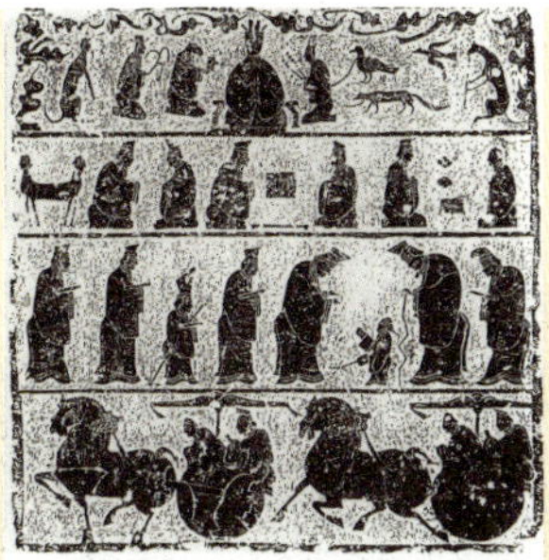

在论述“真人”时，您似乎处处在与儒家的“仁人”说对着干。说来也真有意思，后世都认为“儒道互补”，可是，当年你们之间互不买账，是不是那样呢？

庄子：我的“真人”之说并不是凭空编造出来的。我认为，这个世界就是被儒家那些人搞坏的，我是学过儒术的，我了解儒术是怎么一回事。所谓仁、义，只是表面上说得好听，背地里做的却又是另一套，把世道人心都搞坏了。我说：“夫孝悌仁义，忠信贞廉，此皆自勉以役其德者也，不足多也。”（《天运》）我认为，儒家的一切理论，打的是自我勉励的旗号，实际上只会扰乱（役）人的德性，是不值得赞颂和提倡的（不足多也）。因此，我创造“真人”这种新人形象，就是在向儒家“宣战”。这一点连司马迁也体察到了，他说我一直在挖儒家的墙角，一直在与儒家过不去。真人的“真”，批评的正是儒家的“假”。

《孔子见老子》（汉代画像石拓本，山东嘉祥出土）

在《论语》和《庄子》中都称：“老子，龙也。”为何有此称谓？一种说法是，因为老子气度非凡，如游龙之超然物外。孔子见老子说：“吾今见乎龙。”指的就是老子的非凡气度。另一种说法是因为“龙，老氏之图腾也”。老子作为这个家族中的代表人物，当然要以龙名之了。有学者认为，庄子称老子为龙，有自比为龙之传人之意。此说可“录以备考”。

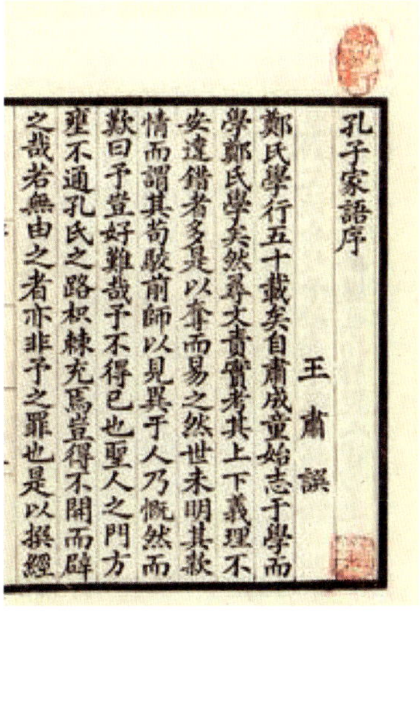

孔子家語序

王肅 譔

鄭氏學行五十載矣自肅成童始志于學而
學鄭氏學矣然尋文責實考其上下義理不
安違錯者多是以奪而易之然世未明其款
情而謂其苟駁前師以見異于人乃慨然而
歎曰予豈好難哉予不得已也聖人之門方
壅不通孔氏之路枳棘充焉豈得不開而辟
之哉若無由之者亦非予之罪也是以撰經

《孔子家语》书影

我们知道，您为“真人”定了许多准则，其中最根本的准则是什么呢？

寇谦之修道的嵩山

寇谦之，北朝道教的代表人物。少奉五斗米道，后在嵩山修道。他自称太上老君授予其“天师”之位，又称老子玄孙李普文下降授其《录图真经》。寇谦之继起改良，将老庄之学与炼丹、符水、禁咒之类的方术合而为一。他献道书于北魏太武帝，提倡改革道教，制订乐章，建立诵戒新法。也就是说，纯粹老庄的道家，至北魏发生了变异，引进了方技的内容。

庄子：我说过：“何谓真人？古之真人，不逆寡，不雄成，不谟士。”（《大宗师》）这里说“不逆寡”，就是不去考虑所办事情是否会失败，“寡”，指的是失败。“不雄成”，就是不拼命去追求成功。能否成功由事物发展规律而定。“不谟士”，就是不谋求策划事态发展的过程。关键是“不谟士”，“谟”通“谋”，“士”通“事”，这样就成了“不谋事”。一切都要顺乎自然。要说我与儒家对着干，也对。儒家就是什么都讲谋划，说什么“谋事在人，成事在天”，儒家把着重点放在“谋事在人”上，孔子的“知其不可为而为之”，就是重在“谋事”的明证。老在那里谋事，只会带来无穷无尽的苦恼。我是什么事也不“谋”，那不就彻底解脱了！因此，真人真在“不谋事”上。

子路问津（选自明彩绘绢本《圣迹之图》）

鲁哀公四年（公元前491年），孔子自叶地返回蔡国，子路去问耕田的长沮、桀溺：“渡口在哪？”对方说：“像你们这样到处游说，浪费工夫，倒不如种地吃饭哩！”孔子不顾奚落，继续进行他的文化寻根之旅。此事也被庄子用作编写寓言的素材。

生死问题是所有学派都无法回避的重要问题。在这个问题上，您与儒家的分野似乎特别明显，司马光在《资治通鉴》中作了反复论述，您觉得呢？

庄子： 的确是这样的。我认为，真人“不知说生，不知恶死。其出不欣，其入不距”。既然生死是一种自然现象，那有什么悲喜可言呢？这叫“喜怒通四时，与物有宜而莫知其极”（《大宗师》）。人的喜怒哀乐与四时相通，与物的变化相宜才好。在这点上，真正读懂的人不太多。清人王先谦编写了《庄子集解》，他最后的心得是：“余治此（庄子）有年，领其要，得二语焉，曰：‘喜怒哀乐，不入于胸次。’窃尝持此以为卫生之经，而果有益也。噫，是则吾师也夫！”在他看来，护卫生命的经典语言就是我说的两句话：“喜怒哀乐，不入于胸次。”生不足喜，死不足哀，达到这样的境界，是算学得了真庄学了。我这个人哪会像儒家把生死看得那样重，孔子说“未知生，焉知死”，说明他是怕言及死，当然也是怕死的，与我的超脱于生死迥异。

司马光像

司马光，北宋时期著名史学家、散文家。司马光自幼嗜学，尤喜《春秋左氏传》。他梳理了道家与道教的区别，认为老子、庄子之学，大旨是要人们超越死生，把生死同等看待，不要把利禄看得太重。而后人之中想成仙的人，却靠吞服丹药、修炼吐纳之法以求升天。此法跟老庄的基本思想完全相反。司马光还老庄以本来面目，使后世的读者了然其中因缘。

《资治通鉴》书影

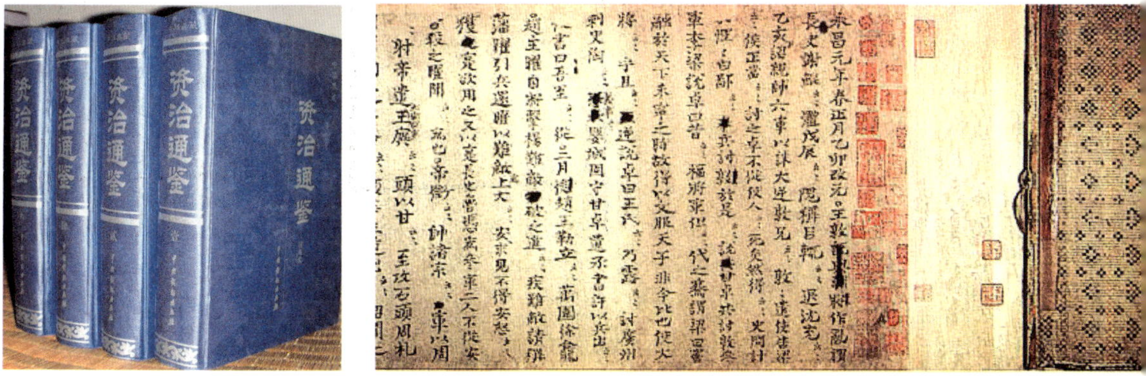

在定义真人的过程中，您最后的结论是："天与人不相胜也，是之谓真人。"(《大宗师》)"不相胜"表面上是说天与人谁都不要想胜谁，而实际上是说人在天面前是无所作为的，想胜天那是绝对不可能的。您那样说，是不是在散布一种悲观主义的情绪？说人离开了天什么事都办不了？

韩愈像

韩愈，唐代古文运动倡导者，他在代表作《送孟东野序》中提出了"物不得其平则鸣"的观点，在先秦诸子中特别推崇庄子善鸣，把庄子与屈原并提："庄周以其荒唐之辞鸣。楚，大国也，其亡也以屈原鸣。"这里也表达了韩愈对庄子的推崇。

庄子："天与人不相胜"是我的一句名言，正像"人定胜天"是荀子的一句名言一样。我这里说的"不相胜"中的"胜"，指的是不相克、不相抵触。我这里特地把"天"放在前面，其意是说"天"是保护人的，决不会去侵犯人的利益。而"人"呢？当然不该去触犯"天"了。你想胜天，最后必然会撞得头破血流。一句话，我说的"天与人不相胜"的主旨是人应该与天和谐相处。因此，我认为荀子说的"人定胜天"，虽有积极的一面，但从某种意义上讲是一种妄想。千百年来，一些人照荀子那套去做，千方百计地想去"胜天"，在"征服"自然的同时，也破坏了大自然，结果怎样呢？不是自作自受了吗？"圣人藏于天，故莫之能伤也。"(《达生》)这里的圣人与真人是同义的。真人把自己融会(藏)于天之中，这样谁都伤害不了他。真人的生命力也正在于此。如果一味提倡"人定胜天"，结果非但胜不了，反而会伤了自己。

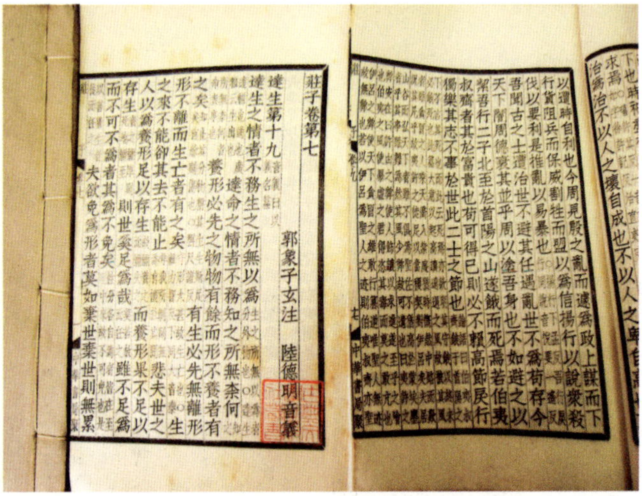

《庄子·达生》书影

话似乎也不能那样说。客观地说，您与荀子所言都有所不足，应相互补充才对。您的“天与人不相胜”说，给人一种无所作为的感觉，后世人说您是“懒惰主义的鼻祖”，也不是没有原因的。荀子的“人定胜天”说给人以勇气和信心，但没有强调“天时”（大自然的作用），也就是没有顾及客观条件的制约。如果把你们二位的理论调和一下，岂不更好？

欧阳修像

欧阳修，北宋卓越的文学家、史学家，号醉翁，又号六一居士。他深受庄子思想的影响，不少文章都有融合庄子著作的痕迹，特别崇尚老庄“天与人不相胜”的无为之说，主张除积弊、行宽简、务农节用，曾与范仲淹等共谋革新。

庄子：的确，理论的正确与否，是要由实践来验证的。冷静下来想想，我的“不相胜”说客观上会有些副作用，那是已被世代的实践证明了的。你们说要把我的说法与荀子的说法调和，那就调和吧，只要对世人有利就行。当然，那不是我本身能做的事，在这点上，我也“不谟士”了，让后人去做吧！

鱼玄机像

鱼玄机，女，晚唐诗人，好儒又崇老庄之学。婚姻生活长期不幸，为此，她发出“易求无价宝，难得有心郎”的绝望感叹，后出家咸宜观为女道士，道号“玄机”。与名士李郢、温庭筠互通诗作。其诗作见于《全唐诗》，现存有五十首之多。

您还有一个极为重要的观念，认为人应"以天地为大炉，以造化为大冶"(《大宗师》)。在我们看来，这个观念还是很有价值的。人不能生而为人，只有经过天地这一大炉的熔铸，经过造化这一大锻冶匠的锤击，才能真正成为人。这有积极意义，我们赞同此说。您看呢？

庄子：你们同意当然好，但我这里还是想补充几句。我说这话，是针对一种社会现象而言的。当时有些人，生下了孩子，就以为他是人了。其实，徒具"人之形"，并无"人之实"。人生于天地之间，就有了"人之形"，只有在以后的岁月中，在天地这个"大炉"中，接受造化的"大冶"，人才能真正成为"人"。按汉语的习惯用法，人生下来，叫"婴"，叫"孩"，叫"童"，不称"人"，后来进入了"天地之大炉"，长大了，才可称之为"人"。在这点上，我倒与孔子有点相似，都认为"成人"是一个漫长而艰难的过程。

范仲淹像

范仲淹，北宋著名的政治家、思想家、文学家。他关注和欣赏庄子的思想境界，崇尚"以天地为大炉"的胸怀。他为政清廉，体恤民情，刚直不阿，力主改革，屡遭奸佞诬谤，数次被贬。有《范文正公集》传世。

杨贵妃像

杨贵妃，与西施、昭君、貂蝉并称中国四大美女。唐王朝把自己的祖宗远溯到同样李姓的老子，封其为道教教主，称"太上老君"。杨贵妃与唐玄宗一起常读《道德经》，研究老庄之学，奉行"内用黄老，外示儒术"的国策。

除了上面的“熔铸”说之外，您似乎还有“刻雕”一说。也就是说，人生下来时，只是一个毛坯，要不断地加以刻画和雕琢才能成器和成型。请您说明，如果人非要加以刻雕不可的话，那么这个高明的刻雕手是谁呢?

黄宗羲像

黄宗羲，明末清初经学家、思想家，学问极博，著作宏富，与顾炎武、王夫之并称明末清初三大思想家，亦有“中国思想启蒙之父”之誉。黄宗羲喜读《庄子》，认为庄学崇尚自然，“言不尽意”。其“藏天下于天下”的名言，就是用了《庄子·大宗师》中的说法：真正可靠无虞的“藏”，是以天下为绝大之容器。黄宗羲以此论证了政治权力系统中的“君”“臣”都必须持“万民之忧乐”，而不是“一姓之兴亡”。

庄子：根据“道在万物”和“自本自根”的原则，我认为这刻雕手首先当然是“道”了。道“覆载天地，刻雕众形而不为巧”(《天道》)，大自然的巧手刻雕着宇宙间的万物，也刻雕着作为万物之一的人。作为一个人，你会时时感到“无为无形”的“道”之手在刻雕你。你只能顺道而为，不能逆道而行。同时，这刻雕手也该是你自己。当你真正得道以后，你就会高举“道为吾师”的旗帜，自觉地走无为而治的大道。此道“藏天下于天下”，领悟此中玄妙，坦然面对，才不会笨拙得想要把天下藏于某处。正如黄宗羲所言，真正可靠无虞的“藏”，是以“天下”为绝大之容器。天下之大又如何能家藏，人心之最又如何能装天。吸取天下之灵气润泽天下之苍生，这是贤者的情操。聚集天下之财富造福天下之百姓，这才是圣人的智慧。

黄宗羲纪念馆

九问庄子

在《人间世》中，您有“心斋”之说。您借用孔子的话解释“心斋”时说：“若一志，无听之以耳而听之以心，无听之以心而听之以气。听止于耳，心止于符。气也者，虚而待物者也。唯道集虚。虚者，心斋也。”这段话使人有点摸不着头脑，您是否可以简单地告诉我们“心斋”是怎么回事？

方以智像

方以智，明清之际著名的诗人、学者，著有《药地炮庄》，以禅宗、儒家、易学与《庄子》相互会通，对《庄子》的“逍遥游”“无待”“心斋”“齐物论”等进行阐释，揭示三教会通之所以可能的根据。方以智用《易经》来解《庄子》，以“公因”“反因”说来解释庄学，使庄学更闪耀着朴素辩证法思想的光辉。

庄子：心斋论是我庄学理论中的核心之一，值得一议。简单地说，“斋”原先是指在祭祀或其他典礼前，要清心寡欲、净身洁食，以示庄重。这在诸子的文章中都使用过。我把“斋”字与“心”组合在一起，就是指学道过程中要摒除杂念，使心境虚静纯一。又有一种说法，“斋”同“齐”，心斋，就是指心要向“道”看齐，达到无为无形之境。我在《人间世》中曾将“祭祀之斋”与“心斋”明确区分开来。祭祀之斋重在形式，只要在祭祀之前吃素、洁身即可，而心斋重在心地的纯正、专一、无邪。关键还在于“虚者，心斋也”这五个字。这里的“虚”与“物”相对，其意是说，要达到无杂念、无私心的“心斋”状态，重要的一条是摆脱物欲之累，使自己虚静纯一。

《庄子·人间世》书影

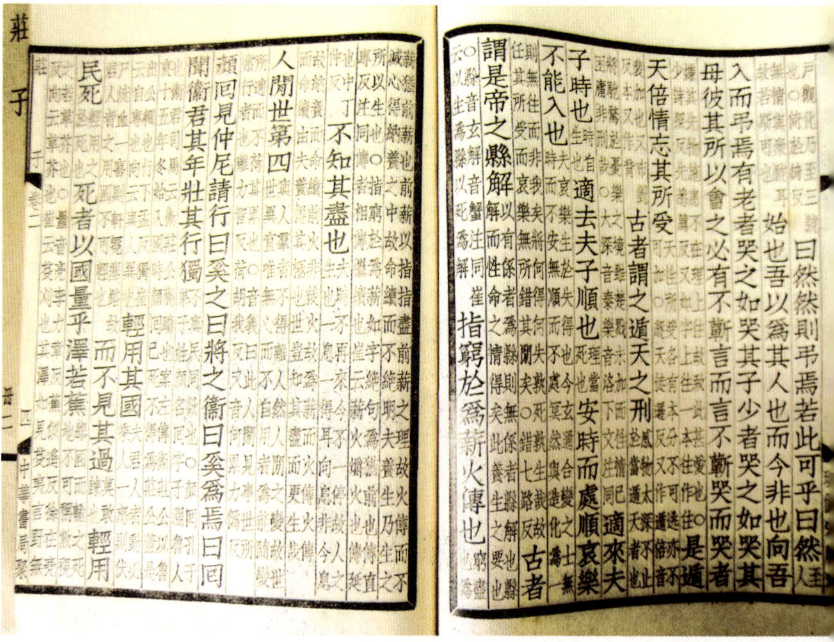

入而弔焉有老者哭之如哭其子少者哭之如哭其母彼其所以會之必有不蘄言而言不蘄哭而哭者是遁天倍情忘其所受古者謂之遁天之刑適來夫子時也適去夫子順也安時而處順哀樂不能入也古者謂是帝之縣解指窮於為薪火傳也不知其盡也

人閒世第四

顏回見仲尼請行曰奚之曰將之衛曰奚為焉曰回聞衛君其年壯其行獨輕用其國而不見其過輕用民死死者以國量乎澤若蕉

与“心斋”说互为补充的是“坐忘”说。为什么称“坐忘”呢？有人从字面上解读后发问，难道非得“坐”在那里，才能忘却一切吗？您认为“坐忘”一词应如何理解？

王夫之像

王夫之，世称“船山先生”。明末清初杰出的思想家、哲学家。学问渊博，尤精于经学、史学、文学。对于佛、道两家思想均有深入的研究。著有《老子衍》《庄子通》《庄子解》等作品，尤其推崇《庄子》，解读《应帝王》时，主张淡化“帝王”的神圣形象，而要求帝王以“坐忘”“不自任”“全其天”为治道，使“天下莫能出吾宗”。

庄子：“坐忘”是一种经典的修道方法，不只在中国，就是在外国，修行者总是强调一个“坐”字，印度的佛教不是也要求信徒“打坐”吗？寺庙中的佛像不也大都是“坐”着的吗？你们的问题提得很有趣，问“忘”是否非得“坐”着不可。我说，的确如此。这里的“坐”是相对于“行”和“走”而言的。对此，后学王夫之在《老子衍·庄子通·庄子解》作了解释。如果一个人老是在尘世间走来走去，接触那么多人、那么多事，怎么可能排除种种杂念？怎么可能清心寡欲？要真正做到“外天下”“外物”“外生”，就非得“坐”定不可。当然，这里说的“坐”主要还不是形式上的，关键在于心要静得下来，要忘情于世务。

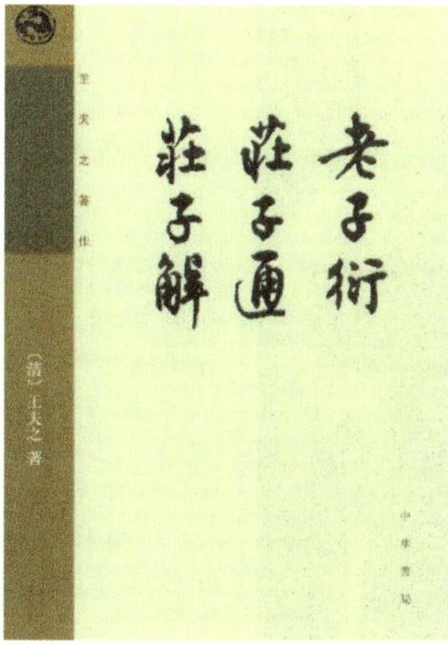

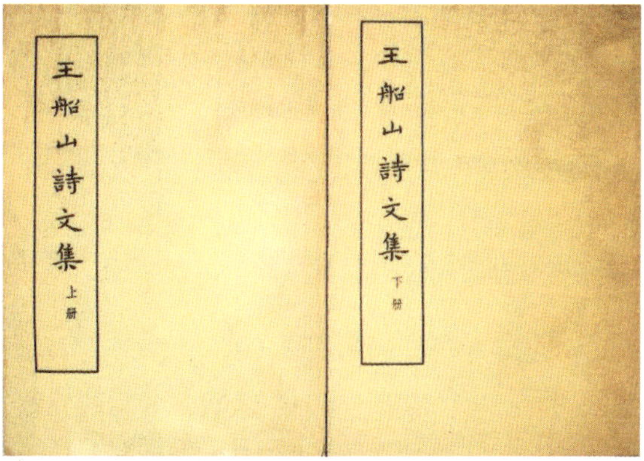

《王船山诗文集》书影

《老子衍·庄子通·庄子解》书影（中华书局出版）

那么，"坐"定下来，拒绝与外部世界的人、事、物交往，就一定能达到"坐忘"的境界吗？

康有为像

康有为，近代著名政治家、思想家、社会改革家。他信奉孔子的儒家学说，并致力于将儒家学说改造为可以适应现代社会的国教，曾担任孔教会会长。他对庄子也极为关注，尤其推崇庄子的"齐物论"，赋予庄子的平等思想以近代意蕴和时代特征，他说平等的最高境界和标志是"大同"，"大同"也是庄子的理想目标。

庄子：也还不一定。"坐忘"是一种悟道方法。《大宗师》中说到人的悟道过程时，强调了它的渐进性。先是"忘礼乐"，继而是"忘仁义"，最后才达到"堕肢体，黜聪明，离形去知，同于大通"的坐忘境界。"同于大通"，也就是把大道所要求的一切化为自己的筋肉，化为自己的精气。忘记自我，忘记聪明才智，忘记尘世，那才叫"坐忘"啊！当然，要求人人都"坐忘"，也不现实，效果怎样，也很难说。但我说的主旨是不做损人利己的"聪明人"，这一点无论如何是可取的吧。

冯友兰有这样一种说法："从《庄子》文本中看，坐忘是一种心理上的混沌状态，心斋则有一个'唯道集虚'的问题，与集中精气有关，两种方法是不同的。"要我自己说，心斋、坐忘两者虽有若干不同处，但从根本上来说还是一致的。心斋重在一个"斋"字，"斋"就是要诚心，要专一，就是要排除杂念。坐忘重在一个"忘"字，要忘情于功名利禄，忘情于"物"，不为"物"所牵累。两者从根本上来说是完全一致的。

谭嗣同像

谭嗣同与康有为一样对庄子的平等思想极为关注和推崇，宣称平等的表现和操作是"坐忘""无我"。"坐忘""无我"便是庄子所讲的"方生方死，方死方生"。谭以阐发庄学来宣扬自己的"平等"思想，强调庄子的"相忘"，以呼吁父子、君臣平等。

现在可以把本章归结一下了。流沙河先生认为，您的“为人”主要有四点：“一曰立场，站在环中。二曰方法，信奉无为。三曰理想，追慕泽雉。四曰修养，紧守心斋。”这种说法有根据吗？这四点如何解释？

梁启超像

梁启超，自号“任公”，自幼立志“以天下为己任”。其别号“饮冰室主人”出自《庄子》，意为面对国家内忧外患，心中焦灼，唯“饮冰”方可得解。观其一生，名副其实。他对庄子的研究主要围绕“救世”两字展开，大体上走的是章太炎“齐物论释”以“佛”解“庄”的路子，解释“真我”实相，阐明了他“契合真我而不离现境”的“内圣外王”之道。

庄子：有一定的根据。所谓“环中”，就是不持有任何倾向的立场。我在《齐物论》中有“得其环中，以应无穷”之言，在《则阳》中有“得其环中以随成”之说。对于“无为”，我在《庄子》中反复强调，我认为无论治国还是做人，都要无为。对于理想，就是追求自由，我曾说过：“泽雉十步一啄，百步一饮，不蕲畜乎樊中。”（《养生主》）意思是说，沼泽里的野鸡走十步才啄一口食，走百步才喝一口水，它不希望被蓄养在笼子里。这里强调不管是动物还是人，都有自然本性，随心所欲、顺乎自然地去生活就快活，自由自在就是幸福。而被关在笼子里，便违背了其自然本性，便不自由了。在《人间世》中我说过：“若一志，无听之以耳而听之以心，无听之以心而听之以气。听止于耳，心止于符。气也者，虚而待物者也。唯道集虚。虚者，心斋也。”所谓“心斋”，就是要排除心中的种种杂念。当然，这四点概括是一家之言，我也不敢多加妄评。

《庄子·则阳》书影

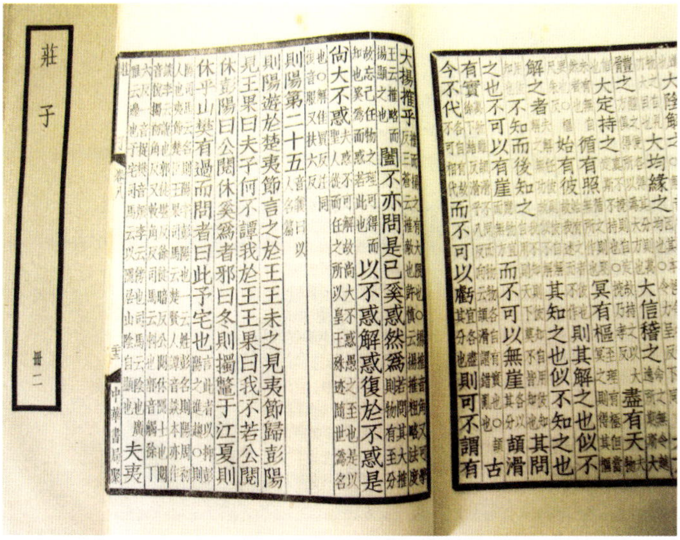

莊子

大陰解之，大目視之，大均緣之，大方體之，大信稽之，大定持之。盡有天，循有照，冥有樞，始有彼。則其解之也似不解之者，其知之也似不知之也，不知而後知之。其問之也，不可以有崖，而不可以無崖。頡滑有實，古今不代，而不可以虧，則可不謂有大揚推乎？闔不亦問是已，奚惑然爲！以不惑解惑，復於不惑，是尚大不惑。

則陽第二十五

則陽遊於楚，夷節言之於王，王未之見，夷節歸。彭陽見王果曰：夫子何不譚我於王？王果曰：我不若公閱休。彭陽曰：公閱休奚爲者邪？曰：冬則擉鱉于江，夏則休乎山樊。有過而問者，曰：此予宅也。……夫夷

庄子铜像

第四章 逍遥大鹏

庄子又在给世人上课了，这次他讲的是一则流传千年的寓言：北边大海中有一种名为鲲的大鱼，经过长时间的“物化”，变成了一只奇大无比的大鹏。大鹏振翅高飞，水击三千里，扶摇而上九万里。天之苍苍，地之茫茫，大鹏绝云气，负青天，飞啊飞，飞啊飞……它不倦地拍打着若垂天之云的羽翼，向着太阳升起的方向奋飞，向着南冥的天池奋飞，向着自己心目中的自由王国奋飞。

而这大鹏的奋飞历程，被庄子别出心裁地称为“游”，一种自由自在、无拘无束的“逍遥游”。

九六问庄子

前面说到真人，不管怎么虚、怎么玄，那还是人的形象。而作为《庄子》一书首篇的《逍遥游》，为我们捧出的却是一只大鹏鸟的形象。您创造的大鹏与真人这两个形象之间，有什么联系吗？

严复像

严复，清末资产阶级启蒙思想家、翻译家和教育家，是中国近代史上向西方国家寻找真理的“先进的中国人”之一。他一生喜欢研读《庄子》，每有所得，则随手批注，有圈点，有训诂，更有评论。严复认为，《庄子》是“非出世之学”。其意是说，要理解“道”的奥妙，必须打破传统观念的束缚，否则，就很难融会贯通。

庄子：当然是有联系的。不管是真人也好，大鹏也好，在我的心目中，他们都是“物”。“万物齐一”，真人与大鹏也是齐一的，他们之间“齐”于物，“齐”于真，“齐”于各自物的独特性。“独往独来，是谓独有。独有之人，是谓至贵。”（《在宥》）大鹏的至贵之处，也只在于一个“独”字。物与物之间的“齐一”，讲的是共性；某一物质的“独有”，讲的是个性。大鹏也好，真人也好，都是共性与个性的统一。

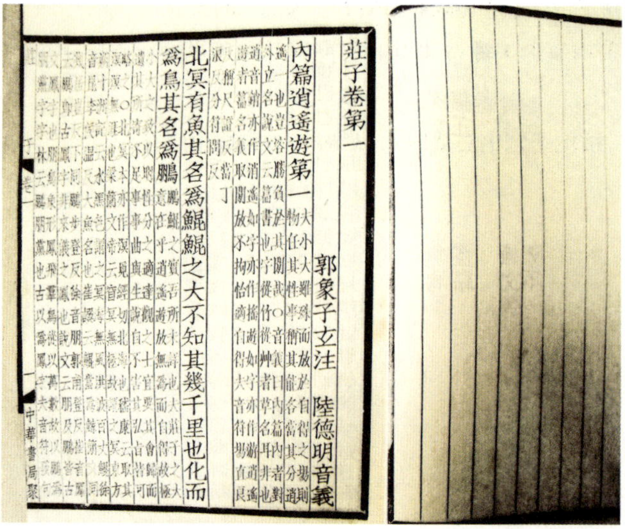

莊子卷第一

內篇逍遙遊第一　郭象子玄注　陸德明音義

北冥有魚其名爲鯤鯤之大不知其幾千里也化而爲鳥其名爲鵬

《庄子·逍遥游》书影

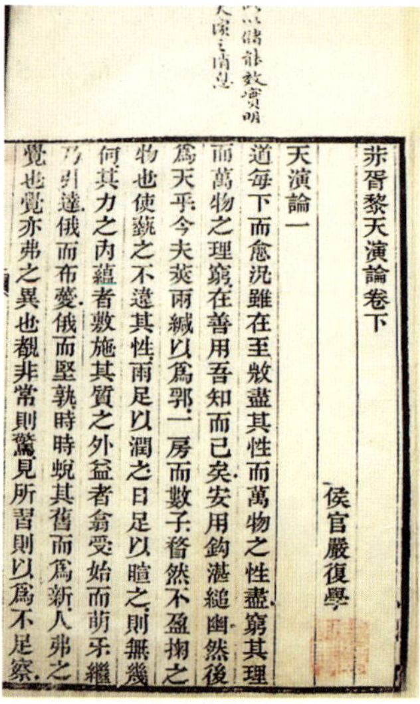

赫胥黎天演論卷下　侯官嚴復學

天演論一

道每下而愈況雖在至微盡其性而萬物之性盡窮其理而萬物之理窮在善用吾知而已矣安用鈎湛縋幽然後爲天乎今夫莢兩緘以爲郛一房而數子皆然不盈掬之物也使莢之不遂其性雨足以潤之日足以暄之則無幾何其力之內蘊者敷施其質之外益者翕受始而萌坼繼乃引達俄而布蔓俄而堅熟時時蛻其舊而爲新人弗之覺也覺亦弗之異也覩非常則驚見所習則以爲不足察

《天演论》书影

既然您作《庄子》一书的主旨在于倡导"道"的精神，在于为世人塑造一个体现"道"的精神、纯真无私的真人，为什么又非得将《逍遥游》放在首章首篇呢？用意何在呢？

李泌像

李泌，唐代大臣，历仕玄宗、肃宗、代宗、德宗四朝，德宗时，官至宰相，封邺县侯。好庄子"清静无为"说，认为《庄子》之首为《逍遥游》。肃宗为他在南岳烟霞峰下兜率寺侧建房，名之为"端居室"，后人称之为"邺侯书院"，是中国书院史上最古老的一所书院。李泌在此过了十二年逍遥养性、纵情山水、博览群书的生活。著有《养和篇》和《明心论》，力主三教圆融，为儒家、佛家、道家所赞。

庄子： 我把《逍遥游》放在首章首篇，是有深意的。我在《大宗师》中说的真人也好，在《逍遥游》中说的至人、神人、圣人也罢，他们的共同特点，就在于都摆脱了自我的束缚，摆脱了物欲之累，达到了物我同一、逍遥自在的理想境界。

请注意，这可是一种大境界啊，是我追求的至高无上的大境界。

"与物相刃相靡，其行尽如驰而莫之能止，不亦悲乎！终身役役而不见其成功，苶然疲役而不知其所归，可不哀耶？"（《齐物论》）世人所迷恋的"终身役役"的那种生活，是美好的吗？为"物"所"役"，实在不上算。为任何东西所"役"，都不上算。那种不自由的生活，是一种极大的悲哀。充满贪欲的世俗生活是"可悲""可哀"的，我将其称为"大哀"，正是在警示人们。我提倡逍遥之游，就是要拯救世人于水火之中。

邺侯书院外景

九八问庄子

您所说的“逍遥游”是怎样一种状态呢？

李贽像

李贽，明代思想家，他好读《庄子》，并作考证，认为“《外篇》《杂篇》为秦汉间道人口吻”，只有“《内篇》才是庄周所亲著”（明·李贽：《焚书》）。

庄子： 逍遥一词用得最多的应是屈原，他在《楚辞·九章·哀郢》中说：“去终古之所居兮，今逍遥而来东。”在《离骚》中说：“欲远集而无所止兮，聊浮游以逍遥。”我直接承继了屈原的那种徜徉无羁、优游自得、安闲自在的思想境界，以逍遥为乐，以逍遥生活为最高境界。屈原说是“浮游以逍遥”，我说是“逍遥游”，说法虽有变化，但意思是完全一样的。我认为，逍遥是一种最佳的自由状态，即所谓“乘天地之正，而御六气之辩，以游无穷者”（《逍遥游》）。用大家都能理解的白话说就是：能顺应天地间万物的变化发展规律而动，能驾驭着风、雨、寒、暑、昼、夜这六种大自然的气息变化而动，能自由自在地遨游于无穷无尽的宇宙之中，这样的人才是逍遥自在的。“游于无穷”，超脱了时间，也超脱了空间，也就是游于逍遥。

《楚辞·离骚》书影

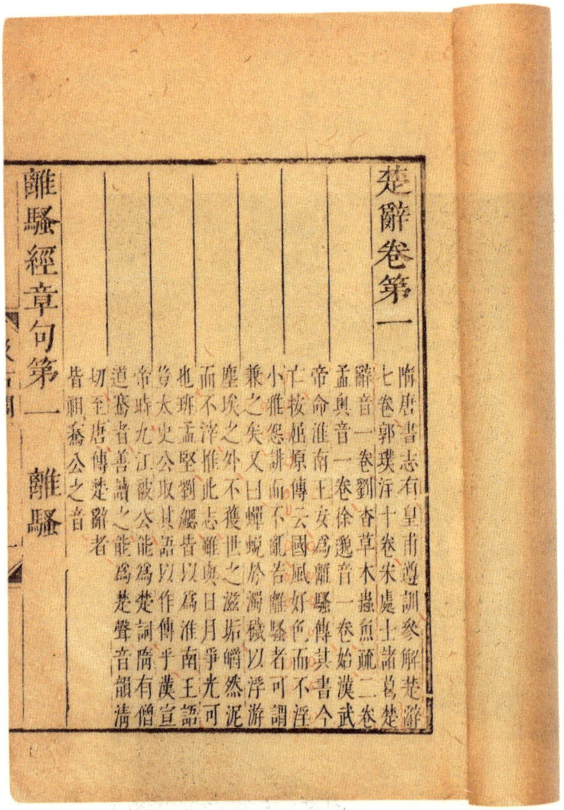

楚辭卷第一

隋唐書志有皇甫遵訓參解楚辭
七卷郭璞注十卷宋處士諸葛楚
辭音一卷劉杳草木蟲魚疏二卷
孟奥音一卷徐邈音一卷始漢武
帝命淮南王安爲離騷傳其書今
亡按屈原傳云國風好色而不淫
小雅怨誹而不亂若離騷者可謂
兼之矣又曰蟬蛻於濁穢以浮游
塵埃之外不獲世之滋垢皭然泥
而不滓推此志雖與日月爭光可
也班孟堅劉勰皆以爲淮南王語
豈太史公取其語以作傳乎漢宣
帝時九江被公能爲楚詞隋有僧
道騫者善讀之能爲楚聲音韻清
切至唐傳楚辭者
皆祖騫公之音

離騷經章句第一　離騷

您在《逍遥游》中说到了列子这样一个人物。他的本事很大，能乘风而行。风大的时候，飘飘然的，轻盈洒脱，似乎自由自在。可是，十五天以后，他又返回来了，而且是没精打采地步行回来了。为什么呢？因为没有风了啊，他就再也轻盈不起来了啊！讲完这个故事后，您评述道："此虽免乎行，犹有所待者也。""待"，就是依赖，"有所待"，就是有所依赖。列子本事是很大的，但是因为"有所待"，最后还是无功而返。请问：通过这个故事，您想告诉人们什么呢？

熊十力像

熊十力，著名哲学家、新儒家开山祖师、国学大师。好读老庄之学，认为"无所待"，"方能逍遥"，方得自由。著有《读经示要》等。

庄子： 我是在作对比。列子虽也想逍遥，但因为"有所待"，结果逍遥不起来，无功而返。而真人、至人、圣人、神人，"恶乎待"，从来不想有所待，靠的是自身，最后"游于无穷"。王先谦在《庄子集解》中有句话说得好："无所待而游于无穷，方是《逍遥游》一篇纲要。""无所待"的精义是不依赖别人，靠自我的独立奋斗，这一点无疑是有积极意义的。

庄子祠内逍遥堂外景

“无所待”方能逍遥游，这一点我们还是不太懂。什么都不依赖了，还能逍遥吗？还能游吗？

庄子：关键是你们还没有达到那一种境界，所以就难以明白了。“待”他物而动，最后必然会受制于他物。号称御风而动的列子不就是这样吗？有风的时候，“列子御风而行，泠然善也”，“泠然”是很轻快的样子，可是一旦风不能帮他忙了，他就“泠然”不起来了，只得步行。而逍遥者进入了“物我为一”的境界，逍遥之游的“游”，是一种不借助于任何外力的自我之“游”。游是一种动，也是一种静，《诗经》有“莫不静好”（《诗经 · 国风 · 郑风》）之言。“虚静推于天地，通于万物，此之谓天乐”（《天道》）。如果以世俗心理来理解逍遥游，那是怎么也不会懂得其中的天乐之趣的。

白居易像

白居易，唐代伟大的现实主义诗人，好庄学的“齐物”之说，认为“齐物论”和“逍遥说”本可相融。他在《读〈庄子〉》中说：“庄生齐物同归一，我道同中有不同。遂性逍遥虽一致，鸾凰终校胜蛇虫。”

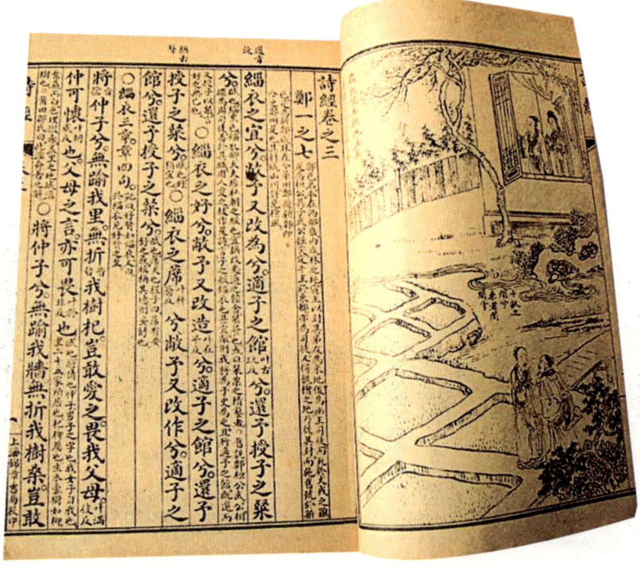

詩經卷之三

鄭一之七

緇衣之宜兮敝予又改為兮適子之館兮還予授子之粲兮 ○緇衣之好兮敝予又改造兮適子之館兮還予授子之粲兮 ○緇衣之席兮敝予又改作兮適子之館兮還予授子之粲兮

○緇衣三章章四句

將仲子兮無踰我里無折我樹杞豈敢愛之畏我父母仲可懷也父母之言亦可畏也

○將仲子兮無踰我牆無折我樹桑豈敢

《诗经》书影

我们还是回到大鹏的主题上来吧。大鹏的“怒而飞”，不是也要有待于万里长风吗？如果没有那万里长风，它飞得了吗？

王安石像

王安石，宋代政治家，他在对《庄子》作了详尽的研读后，撰写《庄周》，对“学者诋周非尧、舜、孔子”提出不同的看法，认为庄周的“诋圣”是事出有因的，借题发挥而已，甚至只是“特有所寓而言耳”，若是“以文害辞”，势必曲解了庄子。

庄子：错了，完全错了。我在文章中说得很清楚，大鹏的逍遥游“待”的不是风，而是自身。“风之积也不厚，则其负大翼也无力。故九万里则风斯在下矣。”（《逍遥游》）这不是说得很清楚了吗？要想让风来承担大鹏若垂天之云的羽翼，那是怎么也“无力”的，因此在九万里高空的飞行历程中，风一直处于大鹏的下面。儒家有“乘长风作万里游”的说法，而我所塑造的大鹏是超脱了长风而作万里之游的。

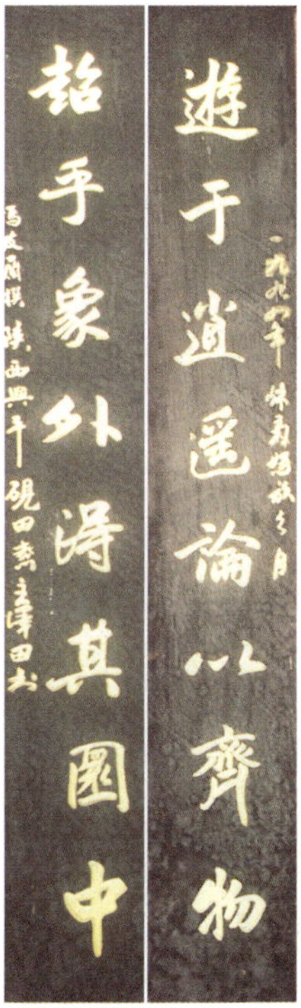

庄子祠内对联：

诸子雄才尊北斗
漆园史绩崇南华

游于逍遥论以齐物
超乎象外得其圜中

许多庄学的研究者对您说的“而后乃今培风，背负青天而莫之夭阏者”这句话有着种种不同解释。其中清代学者王念孙的说法最具影响力，他认为：“培之言冯也。冯，乘也。风在鹏下，故言负。鹏在风上，故言冯。”就这样，“培风”被解释成了“乘风”。我们不能理解，既然是乘风，又怎么说是“无所待”呢？

徐渭像

徐渭，明代文学家、书画家，喜庄学，认为庄学“无所待”“轻生死”，故有气力。他说：“庄周轻生死，旷达古无比。何为数论量，死生反大事？乃知无言者，莫得窥其际。身没名不传，此中有高士。”（明·徐渭《读〈庄子〉》）

庄子： 这显然是历代庄学学者的一种误读。大鹏既然已经超乎风之上，又怎么会是乘风呢？那是说不通的。如说是“乘风”，不又是“有所待”了吗？看来，王念孙的解释不可靠。王念孙是个大学者，可他在读《逍遥游》时犯了个望文生义的大错误，把“培风”解释成了乘风，许多学者也跟他一起误读。在我看来，所谓“培风”，应为“背风”之意，也就是脱离（摆脱）了风的影响而自由自在地遨游，这才符合逍遥游的本意。如果要乘风，何必飞到九万里的高空去呢？飞上九万里的高空，是为了“无所待”。大鹏逍遥游的原动力不是风，也不是其他任何外力，而是大鹏自身的爆发力，这才是我的本意。

道观里的庄子像

您所创造的水击三千里、扶摇而上九万里的大鹏，已经成了民族精神的象征，鼓舞着后世的人们为了远大目标而不懈奋斗。而这与您创造大鹏形象的本意似乎很不相同，因为您心目中的大鹏是逍遥地飞出现实世界的象征，是对现实世界的彻底否定与决裂。您看该怎样弥合两者之间的误差呢？

金圣叹像

金圣叹，明末清初人，著名文学家、文学批评家。对《水浒传》《西厢记》《左传》等书都有评点。他称《庄子》《离骚》《史记》《杜诗》《水浒传》《西厢记》为“六才子书”，而且认定《庄子》是“天下奇书”。

庄子：我看根本就不用去弥合两者之间的误差。既然大鹏已经成为国人心目中美好的象征物，那又有什么必要刻意地去打碎这种象征物呢？我当初创造大鹏形象时，隐含着弃世、厌世，乃至出世的情绪，把这些告诉淳朴的老百姓有什么好处呢？至于从学术角度应如何理解这个问题，那就让学者们去探讨吧！

金圣叹评点过的部分文学作品

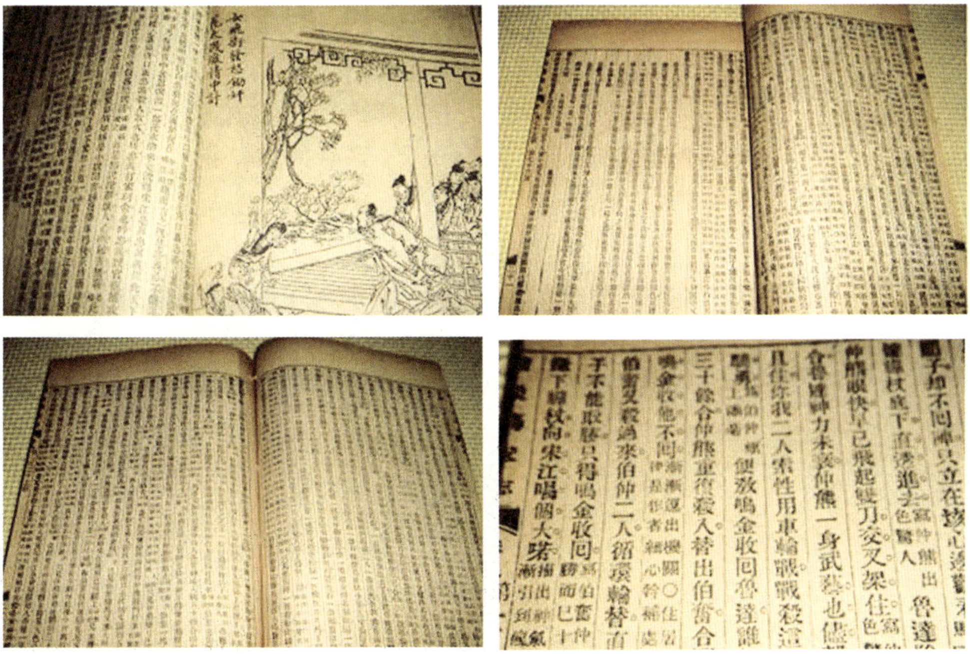

您在盛赞大鹏逍遥游的同时，又让尺鷃这样的小鸟出来讲了一番不咸不淡的话。这里是否有对志向大小高低的比较呢？能否说大鹏是逍遥，而小鸟不逍遥呢？

王允像

王允，汉献帝之大臣，饱读经书，为人耿直，常常将生死置之度外。喜好庄学之说，认为“大小有差而逍遥无别”，因此有学者说“王允有庄子之风”。庄子和老子都强调“真”，他们认为“真”就是“道”，就是“自然”。王允强调“真”，认为“真者，所以受于天”，皆出于《庄子》。

庄子：的确，后世有许多学者是这样作比较的，他们称道大鹏而非议小鸟，但那不是我的本意。我在文中不是对比，而是从不同的侧面来说明逍遥的含义。有不少注家把尺鷃这样的小鸟放在大鹏对立面的位置上，好似大鹏远飞，小鸟出来说话，实在是不自量力了。而高明的学者和注家就不这样看，他们读懂了我的真意。向秀、郭象在《逍遥义》中说得好：“夫大鹏之上九万，尺鷃之起榆枋，大小虽差，各任其性，苟当其分，逍遥一也。”世上的万物，只要充分发挥了自我，适性而为，那么物无分大小，都可进入逍遥的境界。从根本上讲，“逍遥”是一种自我的感受，是一种自我的境界，而没有也不会有客观的划一标准可言。

庄周碑林

这样看来，物无贵贱，在逍遥这点上也是如此吗？

杜预像

杜预，西晋著名政治家、军事家和学者，参与《晋律》的修订，力主“行无为之治”，史家称其有“老庄之学”。自言有“《左传》癖”，著有《春秋左氏经传集解》。

庄子：的确是这样的。万物生于天地间，都有它存在的必然性和必要性，不必贵此贱彼。当然，我所说的物，不仅是指宇宙间的万事万物，更是指人世间的各式人物。不管你是贫还是富，是强还是弱，是大人物还是小人物，都有在这个世界上存在的理由。只要你能适性而为，不强求，不妄为，达到逍遥的境界就是完全可能的。逍遥为人世间的各式人等拓展出了最大的生存空间。在这点上，我在《逍遥游》一文中捧出尺鷃、大鹏之论，自有我的寓意。如果我是“大鹏”，当然可以有我的逍遥。就算我是只不起眼的尺鷃，那又怎么样呢？我同样是可以逍遥于宇宙间的。

五笑亭

这样看来，您在文中提出的“小知不及大知，小年不及大年”的命题，目的也不在于简单的类比，而是提倡适性而为，是不是这样？

庄子：是这样的。世间万物，在智能上有高下，在年寿上有长短，有“及”和“不及”之别，怎么可以对它们一刀切呢？朝生暮死的菌类生物，怎么可能知道月朔月晦呢？春生夏死的寒蝉，怎么会知道春秋呢？楚之南的冥灵树，以五百岁为春，五百岁为秋，上古的大椿树，以八千岁为春，八千岁为秋，一般的树木又怎么能与它们比较呢？我在文中特别提醒人们，“彭祖乃今以久特闻，众人匹之，不亦悲乎？”传说彭祖活到八百岁，如果人们都想与之相比，都想活到八百岁，那是极为可悲的事。我讲这些，其目的在于提醒世人：彭祖是彭祖，你就是你。只要你以适合你自己个性的方式生活，你就活得逍遥了。

吕思勉像

吕思勉，著名史学家，认为庄子之所以一再说“逍遥”两个字，是因为那是庄子追寻的一种精神家园，那就是“彷徨乎尘垢之外，逍遥乎无为之业”。他在《经子解题》中说：“《庄子》所谓‘逍遥’者，其义主于‘无待’。夫世间之物，无不两端相对待者，欲求无待，非超乎此世界之外不可，其说更进矣！”

彭祖井

彭祖塑像

您说一个人只要按照适合自己个性的方式去生活，就可以活得逍遥自在，这在理论上是讲得通的，但在实际生活中却难以做到。就拿一只"腾跃而上，不过数仞"的小小雀儿来说，虽说它自己是逍遥了，但别人会笑话它，甚至辱骂它，那该怎么办呢？

嵇康像

嵇康，"竹林七贤"之一，魏晋玄学的代表人物之一。魏晋时代的玄学中"越名教而任自然"的人生观，虽出于老庄的自然无为论，但其纵欲又与庄子思想不同。庄子是纵思而不纵欲，"神游于四海之外"，但在生活上还是极为检点的。嵇康等人藐视权贵，不与当权者合作，以退隐而全身的避世思想源自庄学思想。

庄子：很简单，不予理睬。走自己的路！我说了，"举世而誉之而不加劝，举世而非之而不加沮，定乎内外之分，辩乎荣辱之境，斯已矣"（《逍遥游》）。其意就是我行我素。誉之也好，非之也罢，荣之也好，辱之也罢，一切都要放在"定乎内外之分"的天平上衡量。内，指自身的本质、本性；外，指外部的条件、环境。先要对自己的本性有正确的评估，再看外部条件是否合适，一旦定下来该怎么做了，就要勇敢地走下去。

彭祖塑像

我们注意到，您说要真正进入逍遥游的状态，就不能“乘风”而行，“风之积也不厚，则其负大翼也无力”（《逍遥游》）。可是，您却主张要“乘天地之正”，这是什么意思呢？

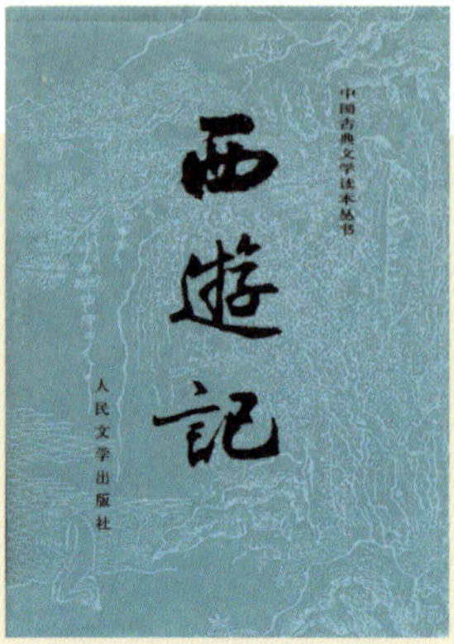

《西游记》书影（人民文学出版社出版）

《西游记》，中国古典四大名著之一，明代小说家吴承恩编撰而成。此书描写的是孙悟空、猪八戒、沙和尚保护唐僧西天取经，历经九九八十一难的传奇历险故事。关于王母娘娘蟠桃园里的蟠桃的描写以及“三千年开花，三千年结果”等说法，最初源自《庄子》，连孙悟空“齐天大圣”的称号也包含了庄子“乘天地之正”的意思，且“大圣”两字也是庄子的原创。

庄子：这个问题提得好。所谓“乘天地之正”，指的就是自然之性，就是道。这里讲到了两个“性”。上面说到的“定乎内外之分”的“内”，指的是某物某人的个性。孔子也是很有个性的人，他六十三岁时还这样形容自己：“发愤忘食，乐以忘忧，不知老之将至。”（《论语·述而》）万物的“性”都是不同的，强求一致，抹杀了个性，就无所谓逍遥。同时，你要逍遥，就要使自己的行为适合于天地之性，符合天地本身的运行轨迹。既适合于事物个性，又能“乘天地之正”，才能达到逍遥自在的佳境。

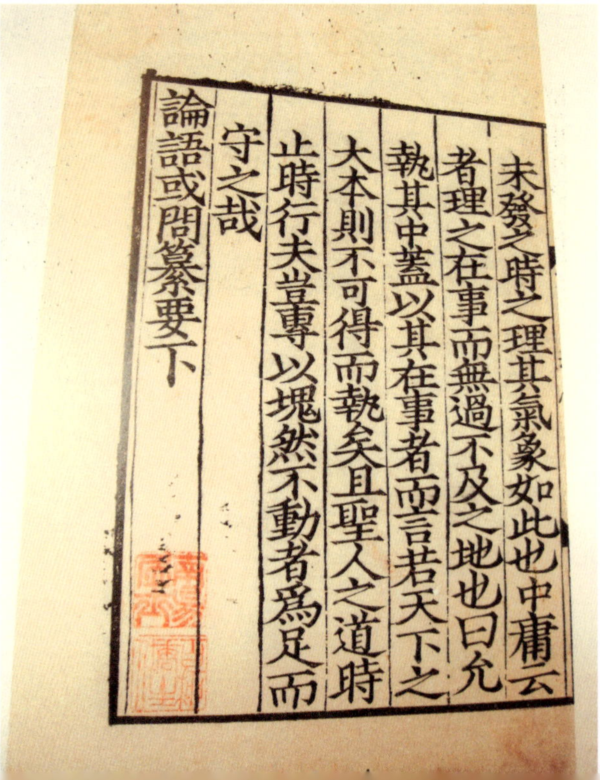
未發之時之理其氣象如此也中庸云
者理之在事而無過不及之地也曰允
執其中蓋以其在事者而言若天下之
大本則不可得而執矣且聖人之道時
止時行夫豈專以塊然不動者爲是而
守之哉
論語或問纂要下

《论语或问纂要》书影（宋刻本，现存上海图书馆）

您说只有“乘天地之正”，才能获得真逍遥。从道理上讲这是对的，但总觉得还不具体，您是否可以讲得具体实在一些？

曹操像

曹操爱读《庄子》，他在写文作诗时猛然想起庄子，了解了老庄之感悟。曹操《短歌行》中“对酒当歌，人生几何”的诗句慨叹了岁月的流逝、生命的短暂。

庄子：我也感觉这在理解上有难度，因此我在《大宗师》中讲了一则有趣的寓言：有一个叫子桑户的人死了，孔子就派子贡去奔丧。子贡到了那里，只见那里的人们正在兴高采烈地“临尸而歌”。子贡问那些人：“敢问临尸而歌，礼乎？”那些人笑着说：“有何不礼？”子贡回来后，对孔子说了这件事，孔子对此表示理解，说，他们这些人是游乎六方之外的，所以能做到如此逍遥自如，他们的境界真是“彷徨乎尘垢之外，逍遥乎无为之业”了（《大宗师》）。应该走出世俗，与“尘垢”绝缘，而且应顺乎自然，精神上走上“无为”之途，不然，又怎么可能逍遥自在呢？那些人认识到人死是自然之理，因此能顺乎自然，高高兴兴地“临尸而歌”，为死者送终。子桑户亲友的“临尸而歌”和我在我妻子死后的“鼓盆而歌”，有着异曲同工之妙。这也就是获得真逍遥，“乘天地之正”了。

庄子祠内壁画

庄子将死，弟子们准备厚葬他。庄子拒绝道：“天地是我的棺椁，日月是我随葬的珠宝，难道这还不够吗？”弟子说：“怕只怕老鹰吃了你的肉。”庄子回答：“在地面上被老鹰所吃，和在地底下被蚂蚁所食，不是一样吗？”

这样看来，您心目中的真人，不会只是个体，而是人皆可为之的群体。您心目中的逍遥佳境，也不是只能让极少数人进入的禁区，而是对适性而为的所有人开放的乐园。我们这样理解，可以吗？

“南华经阁”匾额

庄子：可以的。我写《庄子》这样一本书，目的就是让更多的人成为真人，让更多的人实现逍遥游的心愿。有人说我是“懒惰圣人”，说我的一切“都在教唆人如何弃世，如何懒惰”。对此，我能说什么呢？我知道其言论全出于好意，他们是要我更积极一些，更入世一些。但是，我要说，如果我更入世、更积极，那我庄周就不是人们心目中的庄周了。我是在用一种极为曲折迂回的方式告诉人们如何让社会安定，如何做一个真正的“人”，做一个真人，做“无所待”的独立自主的大鹏。

飞吧，大鹏，向着你心中的圣地。

老子像

庄子祠中的庄子像

您说：弓弩、鸟网、弋箭、机关之类的智巧多了，鸟儿就只会在空中乱飞；钓饵、渔网、鱼笼之类的智巧多了，鱼儿就只会在水里乱游；木栅、兽栏、兽网之类的智巧多了，野兽就只会在草泽里乱窜；伪骗欺诈、奸黠狡猾、言词诡曲、坚白之辩、同异之谈等权变多了，世俗的人就只会被诡辩所迷惑。天下之所以大乱，就在于人们喜好智巧。有的学者认为您鄙视、厌恶有智谋、善用机巧的人，反对改进生产工具，反对用机械引水，这种逍遥观具有极大的阻碍文明和进步的消极意义。您认为是这样吗？

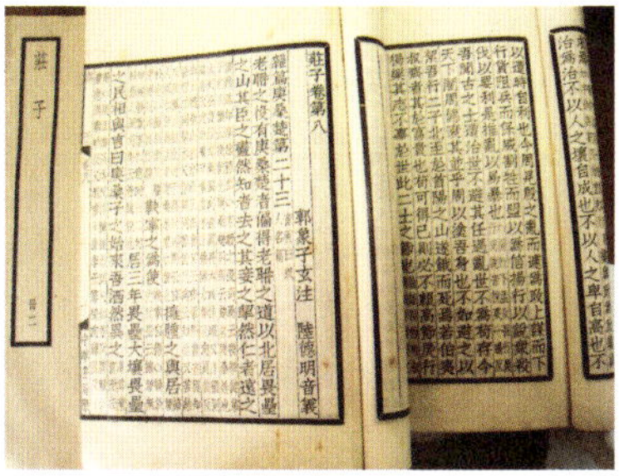

《庄子·庚桑楚》书影

庄子处污不染（庄子祠内壁画）

庄子：我上述那些话有缺点，有片面性，这点我承认，但也不必上纲上线。我主张抛却一切精神上的束缚，泯灭所有阻碍人类获得自由的欲望，以达到一种“无己”的理想境界。在《庚桑楚》中，我说：要毁除意志的干扰，摆脱心灵的束缚，遗弃道德的牵累，打通大道的阻碍。高贵、富有、尊显、威严、声名、利禄六种情况，全是扰乱意志的因素。容貌、举止、美色、辞理、气调、情意六种情况，全是束缚心灵的因素。憎恶、欲念、欣喜、愤怒、悲哀、欢乐六种情况，全是牵累道德的因素。离去、靠拢、贪取、施与、智虑、技能六种情况，全是堵塞大道的因素。这四个方面各六种情况不会影响到自己，内心就会平正，内心平正就会宁静，宁静就会明澈，明澈就会虚空，虚空就能恬适顺应，无所作为而又无所不为。这些主张难道都是消极的吗？

再说，我之所以产生逍遥的人生观，是我在当时的特殊条件下对人生困境的自觉和对摆脱这种困境的精神追求的反映，是对社会不满又无能为力而对现实的回避。我幻想能在污浊的社会中处污泥而不染，安度自己自由逍遥的人生。我向人们展示的丰厚的人生哲理，启发人们的自由意识，同时也给不幸的人指出了一条消除痛苦、继续活下去的道路，这都是我的逍遥观的积极意义。

对于儒家、墨家所鼓吹的仁、义、忠、信，您作了尖锐的抨击。您用《外物》中“儒以〈诗〉〈礼〉发冢”的故事，讥笑儒生表面诵读诗书，暗地里却干着盗墓的勾当，甚至在盗墓时还口念“子曰”“诗云”，以《诗》中“青青之麦，生于陵陂。生不布施，死何含珠为”的诗句对死者口中含珠加以谴责。有的学者认为，您是在向儒学宣战。是这样吗？这与您的逍遥观有关吗？

任继愈像

任继愈，著名哲学家、宗教学家。他对庄子的批儒精神以及所表现出来的无神论极为推崇。他说：“庄子认为人类在整个自然界中所占的地位很渺小，人类只能接受自然的支配，却不能支配自然。庄子是中国古代哲学史上一个杰出的无神论者。”（任继愈：《庄子探源》）

庄子：我是在抨击整个社会的风气，以“螳螂捕蝉，黄雀在后”的比喻勾画那私欲横流的社会中尔虞我诈、弱肉强食的悲惨景象。面对残酷的现实，目睹陡然暴富的达官贵人，体味下层民众的苦难，我对社会持严厉的批判态度。我认为，当时的君臣是一些虎狼之辈，凶恶、残忍、奢侈和荒淫。在《则阳》《徐无鬼》《人间世》等中，我对一些国君进行了无情的揭露，说：“君独为万乘之主，以苦一国之民，以养耳目鼻口。”我指责他们：“杀人之士民，兼人之土地，以养吾私与吾神者。”我嘲笑朝中权贵的媚骨，讥讽他们愚弄百姓的欺诈行为。对于那些摇唇鼓舌、奔波于诸侯之间以谋求一官半职的士人，我给予辛辣的讽刺。在《列御寇》中，我写了宋国一个叫曹商的人，他替宋国出使秦国，得车百辆，向我炫耀。我说：“秦王有病召医，破痈溃痤者得车一乘，舐痔者得车五乘，所治愈下，得车愈多。子岂治其痔邪，何得车之多也？子行矣！”把曹商比作卑下的舐痔者而赶出门去。在《庄子》的不少篇章都可见我对那些趋炎附势、阿谀奉承、贪求名利之人的厌恶和鄙视。我以为，儒家的仁、义、礼、智等类，束缚了人，使人不得自由、逍遥，因此人得从儒学中解放出来。

《庄子·外物》书影和《庄子·列御寇》书影

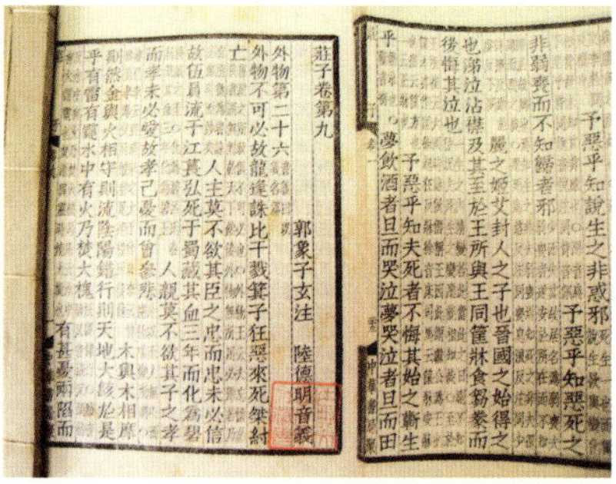

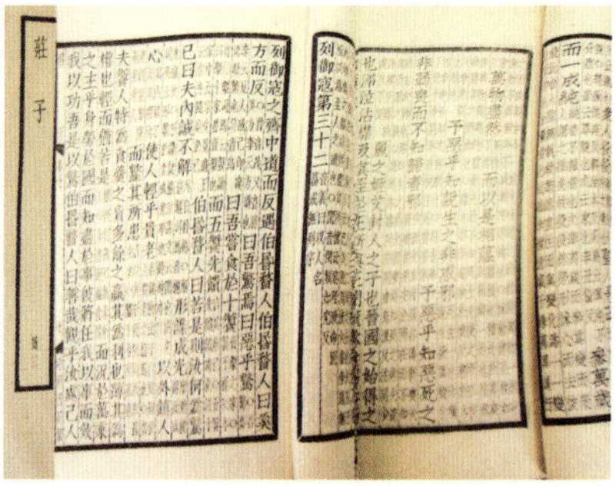

第五章 寄情寓言

庄子是中国历史上最伟大的寓言大师。司马迁在《史记·老子韩非列传》中就明确指出："其（庄子）著书十余万言，大抵率寓言也。"寓言，就是寄寓之言。有些话不好说，或者不便说，或者难以直说，作者通过编织故事的方式，将自己所要表达的意思和情感隐含在里面。寓言这种文学形式古已有之，但像庄子这样完整、生动、普遍地构建寓言的，前所未有。他笔下的寓言，有的以故事见长，有的以情节取胜，有的通篇是滔滔不绝的议论，有的夹叙夹议，叙述多有情趣，评议画龙点睛，颇似后世的小说。

庄子明白寓言在自己著述中的分量，于是专门作《寓言》篇，以明己意。他声言自己书中是"寓言十九"，也就是十分之九的篇章是通过寓言这种特殊的形式来表述自己的思想观点的。在庄子笔下，寓言中的故事只是思想的载体，是不能当做真实的史实来读的，这就是所谓的"藉外论之"。有人把庄子中说到的故事当成史实，加以考稽、论证和应用，实际上是误会了庄子。

庄子开拓了一个寓言的时代。庄子的寓言有什么特色？这些寓言在艺术手法上有哪些值得探讨的地方？它对中华文化的影响如何？这是本章要研究的。

一般人以为，寓言就是编织故事，以表达自己的思想。读了《齐物论》中的“天地一指也，万物一马也”那一段话，才知道您之所以常常以此喻彼，其根基还在于“万物复通为一”的思想。我们这样理解可以吗？

公孙龙像

公孙龙，战国时期哲学家，名家离坚白派的代表人物。

庄子： 你们的理解完全正确。公孙龙曾作《白马论》和《指物论》，旨在分离万物，认为虽同一匹马，也有是非之分；虽同一手指，也有彼我之分。而我恰恰相反，认为万物皆有共通处。天地虽大，可通于一马；万物虽众，可同于一指。正因为“万物复通为一”，因此万物皆可喻。通过“喻”分析事理，通过“喻”说明道理，通过“喻”评述时政和针砭时弊。从一定意义上说，“喻”与“寓”可相通。万物可“喻”，则作者就可以通过托喻的形式来说明种种问题了。正像《淮南子·要略》中说的：“物之可以喻意象形者，乃以穿通窘滞，决渎壅塞，引人之意，系之无极。”我所创作的一系列寓言，正是为了解决思想上“穿通窘滞，决渎壅塞”的问题，以提高说服力。

应该说，《庄子》一书是理论著作，但它在内容上却是“寓言十九”。我是通过寓言这种形式来“喻”某种理论。我往往不是直接告诉读者某一道理，而是让读者读了我的一则或几则寓言故事以后，自己去体会这种道理。理论的道理通过寓言故事展现出来，是我的特点，也算是我的长处。就拿我与老子而言，老子以精辟的议论见长，而我却以引人入胜的故事和华美的词藻取胜，人们不是说“老庄思想相通而特色各异”吗？

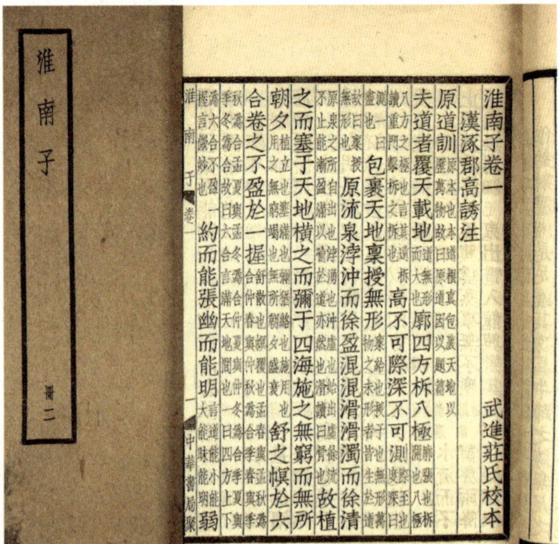

《淮南子》书影

范晔像

有人说您“执于己见”，有人还批评您“大言惑众”，您决意采取寓言的写作形式，其中一个重要原因是否是为了应付对手的攻击？

庄子： 也可以这样说吧！我说过：“凡物无成与毁，复通为一。唯达者知通为一，为是不用而寓诸庸。”（《齐物论》）这段话表达了三层意思：其一是说明我是一个非同等闲之辈的“达者”，所谓“达者”，就是深明万物“通为一”这个道理的人。其二是说明我决不会将自己的思想观点强加于人，所谓“为是不用”，就是不会用己见去说教他人。我不将自己的思想观点强加于人，当然也不希望别人将他们的思想观点强加于我。其三是说明我寄寓的那些言论，皆是“诸庸”之论，也就是通达之论，通常情况下是大家都能知晓的道理。这里根本不存在什么“大言惑众”的问题。

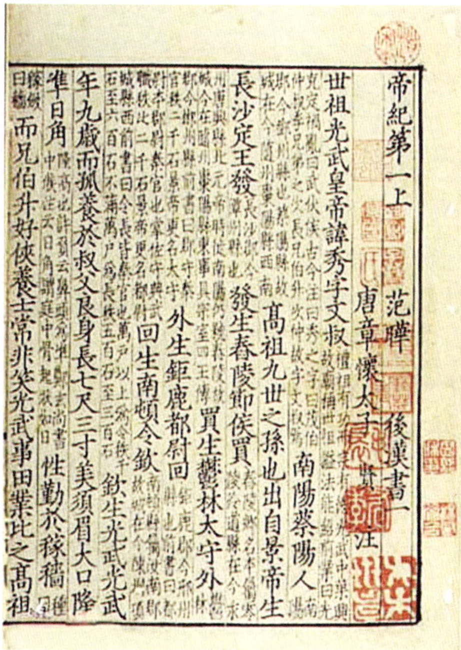

帝紀第一上 范曄 後漢書一
唐章懷太子賢注
世祖光武皇帝諱秀字文叔 南陽蔡陽人
高祖九世之孫也出自景帝生
長沙定王發 發生舂陵節侯買
買生鬱林太守外 外生鉅鹿都尉回
回生南頓令欽 欽生光武 光武
年九歲而孤養於叔父良身長七尺三寸美須眉大口隆
準日角 性勤於稼穡
而兄伯升好俠養士常非笑光武事田業比之高祖

《后汉书》书影

《后汉书》是南朝人范晔所著。范晔一生狂放不羁，几度升迁，几度遭贬，几度入狱。他“文不拘韵，常出狂言”，是十足的庄学之徒，无怪乎在《后汉书》中行文“精意深旨”，对自由不羁者赞赏有加。《后汉书》因此也成了“体大而思精”的“天下之奇作”。

作为寓言，似乎还有寓情于言、寓理于言的功能。讲的是故事，说的是道理，您说是这样吗？

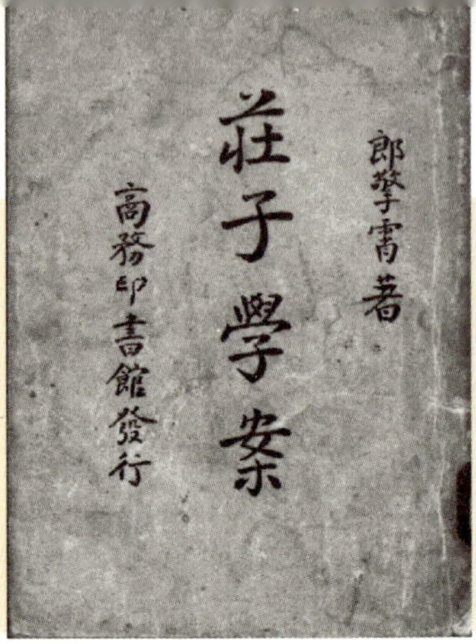

郎擎霄《庄子学案》书影

清代学者郎擎霄称庄子寓言为中国古小说之祖，他说：“考吾国古小说，首推先秦诸子之寓言，《庄》《列》《吕览》诸书每有用心构织，可当短篇小说之称者，但此尤以《庄》书所载为多，古人称庄子为小说家之祖，信不诬也。”（清·郎擎霄：《庄子学案》）

庄子： 讲故事，明道理，这的确是寓言的特色。在这里，“喻”“寓”“愉”三个概念是相通的。以喻明理，以寓寄情，从而达到愉悦读者的目的。在我之前，大体上无完整意义上的寓言。可以说，我创造了一个寓言的时代。我用寓言这种特殊形式表述我的思想，更多的是为了让读者在接受我的观点的同时，获得精神上的愉悦和快乐。从一定意义上说，寓言使人快乐。我总是这么想，读者接受某种道理，感到很枯燥、没兴趣，那就没多大意思了。我要让别人既心悦诚服，又感到有滋有味，高高兴兴地接受道理或理念，这就是“寓”中有“愉”。寓言往往是夸大的，能够给人一种精神上的愉悦。读“庄周梦蝶”的寓言，除了可以从中悟到“人生乃一大梦也”的道理外，还可以从有趣的情节中感受到某种愉悦。如果枯燥地说教什么“人生如梦”，一般人都不愿意听。可是，你读了“庄周梦蝶”的寓言故事，既会感到有情、有趣，也会感到有理，就会欣然地接受我寄寓在其中的道理了。在你们的“梁祝化蝶”故事中，不就有“庄周梦蝶”的影子吗？

庄子祠内壁画

您说自己的论著"寓言十九"，也就是著作中的百分之九十都是用寓言的形式表述的，您不觉得那样做会降低您的学术身价吗?

闻一多像

庄子把寓言变成了一种文化，对此，闻一多说："寓言本是从辞令演化而来，不过，庄子用得最多，也最精；寓言成为一种文艺，是从庄子起始的。"（闻一多：《古典新义·庄子》）

庄子：我自己觉得一点也不会。每个人都可以有自己的创作风格，比如孔子多所论述，在论述中略带一些事实和故事。墨子以史事引出道理，他的作品中也有故事，但那是实际发生过的事，读者可以放心地把它当历史书来读。我的前辈老子，他的五千言可以说句句都富有哲理。我与他们不同。我的作品中充斥着离奇有趣的故事。"子不语怪力乱神"，我则相反，既讲怪诞故事，又道以力胜人，还讲杂乱情节，说得最多也最引人入胜的要算神奇篇章了。我明确告诉人们，这是我编写的寓言，是"藉外论之"，也就是假借某一故事来说明道理，故事本身不是真的，是我编造的。但是，人们读了以后，一定又会回味过来：这些寓言所寄寓的思想可都是真的啊！

可以这样说：假的寓言故事，真的思想情感。如此精彩的寓言故事，怎么可能降低学术身价呢？

孔子像

老子像

墨子像

您在《寓言》篇中写道:“寓言十九,藉外论之。”这“外论”,有专家解释为名人的言论。您看这样诠释可以吗?

庄子: 这样诠释,不能算错,但还不够精确。这话要与“重言十七”连起来读。我说的“重言”就是名人名言,也就是被世人所看重的言论。我的“藉外论”的寓言占整个篇章的十分之九,而“重言”,即名人名言占“十七”,这样看来,“外论”中,十分之七是名人名言,其余的十分之三是非名人名言。这些名人有神农、黄帝、尧、舜、大禹、孔子、颜回、列子、肩吾、连叔、接舆、许由、南郭子等等。非名人名言则出自寻常百姓之口。只要故事能打动人就可以了,何必一定要用名人名言呢?再说名人名言也不一定拿来就能用,倒不如采自民间隽言用得自然舒心。

黄帝像

轩辕黄帝为中华民族始祖,人文初祖,中国远古时期部落联盟首领。“百家言黄帝,其文不雅训,荐绅先生难言之。”(司马迁言)先秦诸子如孔子、孟子、荀子、孙子等,虽然都好古,但最多言及尧、舜、禹,再不往上推,而独独庄子多处称道黄帝。后人以为,庄子是“藉外论之”,以更久远的古帝来增强论说的权威性。

神农像

尧像

舜像

禹像

颜回像

有人说，您引述名人名言，是挂羊头卖狗肉。那些话哪里是严格意义上的名人名言，您引述的那些话是经不起推敲和考查的。与其说是“重言”，倒不如说是“托言”，是不是这样？

孔子像

庄子在论说时常引孔子名言，以“托言”增强说服力。

庄子：你把我的书读懂了。称“托言”好！称“托言”精确！如果我能起死复生于你们所处的21世纪，并可以修订《庄子》一书的话，我一定将“重言”一词改成“托言”。在《庄子》中，我引述孔子的话最多。我为什么这样做呢？因为孔子名气大，大家都相信他，“他人誉之，信者多矣”。比如，在《田子方》篇中，我让孔子对颜回说：“是出则存，是入则亡。万物亦然，有待也而死，有待也而生。吾一受其成形，而不化以待尽。效物而动，日夜无隙，而不知其所终。”

这段话我让“孔子”去说，实际上表达的是道家的思想。除了知识渊博的学者，一般人不会去查原文、找出处，我说是孔子说的，就能“蒙”大家，“蒙”过去就行了。说我挂羊头卖狗肉，这我承认。我是让孔子戴着儒家的面具，扮演道家的角色。孔子说的许多话，实际上恰恰是我要说的。在《庄子》一书中，孔子成了我的“形象代言人”。

孔子像（宋代马麟绢本笔绘）

图中孔子突额凹目，有“首上圩顶”之状，鼻准丰厚，牙露唇外，容貌不凡。身披开襟肥袖大袍，内套素洁衣裳，腰系青巾，袖手当胸，目光炯炯，开腔欲言之态，十分传神，而《庄子》中之孔子形象迥异。

一一九问庄子

您的寓言涉及面广，品类繁多。章学诚在《文史通义》中说："《庄》《列》之寓言也，则触蛮可以立国，蕉鹿可以听讼，皆深于比兴，即其深于取象者也。"他说您是通过比兴的手法，把动植物人格化了，这可是一种创造啊！后世子孙都被您的超乎寻常的想象力所征服了，是不是这样？

章学诚像

章学诚，清代史学家、文学家，乾隆年间进士，曾任国子监典籍。他倡"六经皆史"之论，推崇庄子借用寓言说事的表述法，认为《庄子》和《列子》中的寓言富有说服力，堪为后人仿效。著有《文史通义》，为清中叶著名的学术理论著作。

庄子： 在《庄子》中，大约有大小寓言二百一十余则，长则一千余字，短则二十多字。这么多的寓言故事，我采取了比兴之类的手法，但也不尽是这些手法。你们也可就我的取材和编造手法作些评说。另外，我也很有兴趣与大家一起探讨一下我的寓言的分类问题，这样也有利于你们了解我的文风。

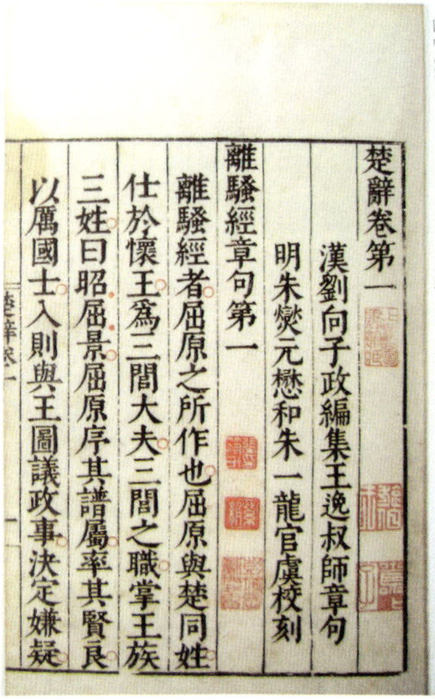
楚辭卷第一
漢劉向子政編集王逸叔師章句
明朱燮元懋和朱一龍官虞校刻
離騷經章句第一
離騷經者屈原之所作也屈原與楚同姓
仕於懷王為三閭大夫三閭之職掌王族
三姓曰昭屈景屈原序其譜屬率其賢良
以厲國士入則與王圖議政事決定嫌疑

《楚辞》(元翻本)书影

《楚辞》与《庄子》都有许多仙游与神进之词，这说明《楚辞》不同程度地接受《庄子》的思想，并应用、模拟其文辞。

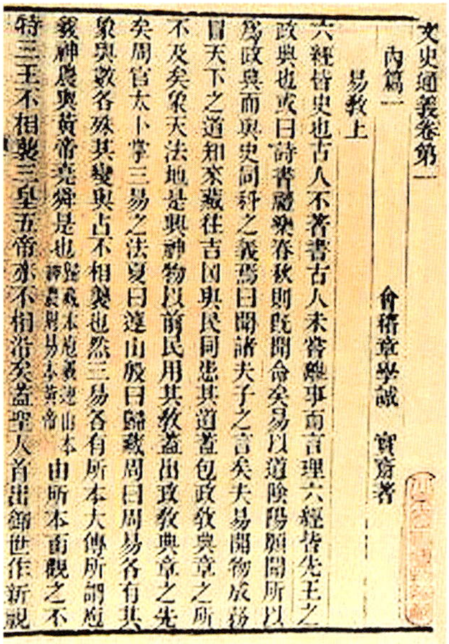
文史通義卷第一
內篇一
易教上
會稽章學誠實齋著
六經皆史也古人不著書古人未嘗離事而言理六經皆先王之
政典也或曰詩書禮樂春秋則既聞命矣易以道陰陽願聞所以
為政典而與史同科之義焉曰聞諸夫子之言矣夫易開物成務
冒天下之道知來藏往吉凶與民同患其道蓋包政教典章之所
不及矣象天法地是興神物以前民用其教蓋出政教典章之先
矣周官太卜掌三易之法夏曰連山殷曰歸藏周曰周易各有其
象與數各殊其變與占不相襲也然三易各有所本大傳所謂庖
羲神農與黃帝堯舜是也由所本而觀之不
特三王不相襲三皇五帝亦不相沿矣蓋聖人首出御世作新視

《文史通义》书影

您的寓言中有许多是取材于日常生活的。日常生活中的一些小现象、小事件、小故事，可能我们天天能看到，天天能接触到，但大家都不在意，可是经您一编织、一渲染、一强调，就成了寓意深刻的寓言故事，而且久传不衰。这样的寓言，我们称之为生活化寓言，不知您意下如何？

林语堂像

林语堂认为庄子的寓言通俗、生活化，易解易记，启迪人生。他说："道家对人生有一种建于明慧悟性上的达观。这种达观，产生宽宏的怀抱，能使人带着温和的讥评心理度过一生，丢开功名利禄，乐天知命地过生活。"（林语堂：《人生之研究》）

四大天师像

"天师"之名，始见于《庄子·徐无鬼》，文曰："黄帝再拜稽首，称天师而退。"实是尊敬之辞，后世道教徒称张道陵为天师。"四大天师"为道教史上的四位重要真人，分别是张道陵、葛玄、许逊、萨守坚。

庄子：你们说的生活化的寓言大约占了我书中的十分之二，也就是五个寓言中有一个这样的寓言。生活化寓言取的是生活中的惯常现象，平时不被大家注意，但一经提炼，一经加工，就意味隽永，令人回味无穷。最著名的是《养生主》中的"庖丁解牛"寓言和《山木》中的"大木与雁"寓言。这些寓言都是十分生活化的。请想想，在中国广大的农村，有多少个养牛户，牛老了，不中用了，就要宰杀它，这就需要很多的"庖丁"。这些庖丁，有的是世代相传的宰牛专业户。他们手法之熟练，是尽人皆知的。对大多数人来说，看到庖丁那样熟练地宰牛，看过了也就过去了。而我没有放过去，反复琢磨，一直在想着其中的门道，想着想着就有所得。也许这就是我的不同于常人之处。

寓言故事是生动的，而所寄寓的道理又是深刻的。我从"庖丁解牛"这个故事中得出了"善哉，吾闻庖丁之言，得养生焉"的结论，从"大木与雁"的寓言中得出了"周将处于材与不材之间"的观念。这些由寓言引发出来的思想和观念，不知影响了多少代人的思想，使人难以忘怀。通过这种手法产生的理论感召力，是难以估量的。

有人说您好放"大言",这在寓言中似乎体现得特别鲜明。您的许多寓言是极尽夸大之能事的。神奇的是,许多这样的"夸大性寓言",大家明明知道是不可信的,但偏偏信了,这是为什么呢?

马叙伦像

马叙伦,现代学者、书法家。对于《庄子》中某些篇章是否是庄子作品的问题,他作了详尽考证,认为这是时代的学术结论,又是寓言说辞,"非庄子不能为",与《庄子》中其他篇章条理相连贯,都是庄子的作品。且认为庄学含义甚深,强调对《庄子》的字词要逐一梳理、校正、理解,不得随意猜度。撰有《庄子札记》《庄子义证》《庄子天下篇述义》等有关庄学的著述。

庄子: 原因其实也很简单。因为我的一些寓言虽然有所夸大,但夸大得真实,夸大得有理,夸大得适度。这样的夸大,不但不会失信于民,反而会加深人们对寓言中所蕴含的思想观念的印象。比如,《逍遥游》中的大鹏,是极尽夸大之能事了。一只大鹏,哪里会大到"不知其几千里"的,它的飞行高度也不可能是"扶摇而上者九万里"的。但大家不会因为这些夸大而不相信,因为大鹏是"真人"的化身,是至人、神人、圣人的化身,也是道的化身。凡是想展翅高飞的人,都会相信大鹏鸟的存在,这就是真实,也就是理论的真实。理论的真实是"夸大性寓言"的根基和生命线。

庄子祠里的南华经阁

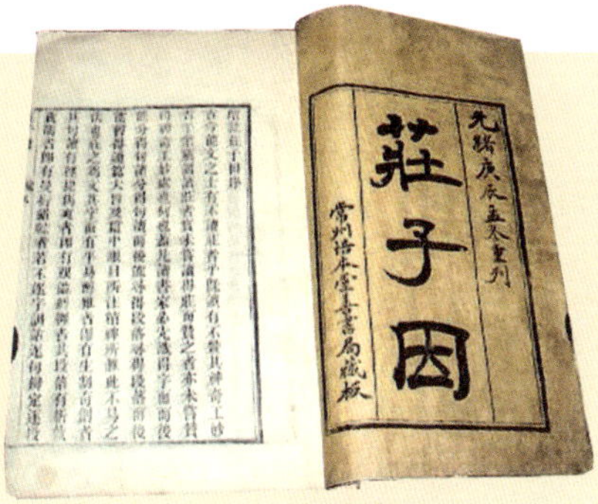

为了形象地说明人在天地间的地位，您也运用了夸张的手法。您认为，天地万物，人不过是其中之一；人成形于天地，受气于阴阳，立于天地之间，犹如大山上的小石、小木一般，实在太渺小了。人与万物相比，不似毫毛之在马体乎？您的意思是说“山外有山，天外有天”吧？您的弟子似有所悟，于是又问您能否“以天地为大，以毫末为小”，您说“不可”！这是为什么呢？

林云铭《庄子因》书影

林云铭，清代学者，他认为《庄子》寓言用假托的故事或拟人手法说明某个道理或教训。“寓”有“寄托”的意思，难以解读，应该融洽晓之。他介绍了一种全新的读《庄子》的方法，他说：“庄子命意深处，须以浅读之；为文之曲处，须以直解之。”“《庄子》当随字随句读之，不随字随句读之，则无以见全书之变化。又当将全书一气读之，不将全书一气读之，则不知随字随句之融洽。”（清·林云铭：《庄子因》）

庄子： 此话是有针对性的，我以人的“妄自尊大”为话题展开论述。我认为，四海存在于天地之间，不就像小小的石间孔隙存在于大泽之中吗？中原大地存在于四海之内，不就像细小的米粒存在于大粮仓里吗？万物的量是不可穷尽的，时间的推移是永无止境的，得与失的区分没有不变的常规，事物的终结和起始也没有定因。所以具有大智慧的人观察事物不局限于一隅，体积小却不认为少，体积大也不认为多，这是因为知道物的量是不可穷尽的。寿命长却不感到厌倦，生命只在近前却不会企求寿延，这是因为知道时间的推移是没有止境的。洞悉事物有盈有虚的规律，因而得而不喜，失而不忧，这是因为知道得与失的区分是没有定规的。明了生与死之间犹如一条没有阻隔的平坦大道，因而生而不悦，死而无憾，这是因为知道终了和起始是不会一成不变的。人所懂得的知识远远没有不知道的东西多，人生存的时间也远不如他未在人世的时间长。用极为有限的智慧去探究没有穷尽的境域，所以内心迷乱而难有所得。由此看来，又如何知道毫末就可以判定为最小最细的界限呢？又怎么知道天地就可以看作最大的境域呢？

庄子祠里的梦蝶楼

先秦诸子，都有好古、以古非今的癖好，您也不例外。您在《庄子》中经常提及“古之圣人”“古之真人”，还编造出诸多“拟古性寓言”来。这些寓言的作用大吗？

宋真宗像

宋真宗赵恒，为宋太宗第三子。他信奉道教和佛教，称受天书，封泰山、祀汾阳，修建了许多寺庙。真宗为“守成之主”，他在位期间北宋经济进入繁荣期。唐玄宗之时，追加庄子为南华真人，并将《庄子》尊为《南华真经》。到了宋真宗时，又改名为《冲虚至德真经》，以示对庄学的尊崇。

庄子：你们说我与其他诸子都有好古、以古非今的癖好，虽有一定道理，但没有说全。其实，我们民族有好古、以古非今的情结。这种情结没有多少坏处，相反，它可能正是我们民族文化绵绵不绝的原因之一。因此，我编织的一系列拟古性寓言的作用就特别大。黄帝是我国远古时代一个部落联盟的首领，是为世人所崇拜的。我在《知北游》中，编造了黄帝求学于老龙吉的寓言。说的是黄帝在老龙吉那里多日了，可是，老龙吉一直没告诉他什么。一天，黄帝正靠着桌子休息，有人告诉他：“老龙吉死了。”黄帝笑着问：“他什么都没教给我，怎么就死了呢？”又问：“他留下什么遗言没有啊？”那人回答说：“没有，什么都没有。”从这件事中，黄帝悟到了“论道而非道”的道理，意思是，老龙吉对黄帝“论道”不是靠言谈，而是靠身教。我所塑造的无为而治的黄帝形象，影响了一代又一代的人，后世所谓的“黄老思想”，大半出于我的寓言。

黄帝像（东汉画像石）

"黄老思想"的提法，是否在您那个时代就已经有了？

宋徽宗像

宋徽宗赵佶，神宗第十一子。他崇奉道教，崇拜庄子，视其为真人、仙人，又追封庄子为"微妙元通真君"。在位时多次下诏搜访道书，设立经局，整理校勘道籍，编成了《政和万寿道藏》，这是我国第一部雕版刊行的《道藏》。他还下令编写《道史》和《仙史》，这也是我国历史上规模最大的道教史和道教神化人物传记。宋徽宗还亲自作《御注道德经》《御注冲虚至德真经》《南华真经逍遥游指归》等书。

庄子：《老子》中都是纯理论的思辨表述，因此，当时黄帝与老子是一点关系都没有的。与老子同时代的一些思想家，如孔子、孙子、墨子、晏子等，他们在"思古"时，最多言及尧舜，而从来不提黄帝。我觉得黄帝对发展我道家的学说有利，因此突破了这个禁区，大谈起黄帝来。我谈黄帝有这样一些特点：一是黄帝与尧、舜连在一起，称之为"尧、舜、黄帝之道"(《至乐》)；二是让黄帝道家化，所谓"黄帝之治天下，使民心一"(《天运》)。"一"者，纯一也，与道家所说的"一"比较接近了，这样若明若暗地为黄、老搭上了一条线。当然，我要指出：在我那个时代，还没有"黄老思想""黄老之道"，把黄老连在一起提，那是汉代的事。但是，谁都得承认，我在《庄子》中大谈黄帝，为日后"黄老之道"的形成起了奠基作用。

老子雕像(鹿邑老子文化广场)

在您的作品中，更多的影响也更大的是“童话式的寓言”。您把没有生命的物品拟人化，赋予其生命，让他们站到历史的舞台上展示自己，通过对话表述自己。这种童话式的寓言的作用也许是最大的吧？

严文井像

严文井，现代作家、散文家，著名儿童文学家。他认为寓言是“怪物”，是“一座奇特的桥梁”，是“一把钥匙”“是一个魔袋，袋子很小，却能从里面取出很多东西来”。他还赞庄子是“寓言高手”“寓言大师”，其寓言给人丰富的想象和智慧。

庄子：这类寓言的作用是否最大，我说不清，但是它像后世人玩的变形金刚一样，因其能“变形”，大家会感到很有趣味，也很有教育意义。如果只是讲自然元气，讲云层，那是不会有人愿意听的。在当时的条件下，人们对自然元气、对云层的理解又不是很科学。现在我将云层人格化为“云将”，我又将自然元气人格化为“鸿蒙”，让他们在东游中相遇。第一次谈天气，谈地气。三年后，他们又碰头了，这次他们谈的是人事了。谈人间的“乱天之经，逆物之情”。然后由鸿蒙指点迷津，通过“心养”，达到“各复其根”的目的。这样一来，这些童话式的人物在人们的脑子里就活了起来，通过他们的嘴讲出的种种道理也会给人留下深刻的印象。《秋水》中北海若和河伯的对话也很精彩。此类寓言的特点是生动有趣、发人深省。

天师殿内的神位

有的学者认为,《庄子》一书中有许多关于梦的说法,是一种梦的理论或学说,这对吗?

庄子:我关于梦的说法不应该被说成是梦的理论或学说,而只具有比喻的意义。甚至可以说,我说的种种与梦有关的话,实际上是一种特殊的童话或寓言形式。我所说的"予谓女梦,亦梦也"(《齐物论》),其意是说,我说你们在做梦,其实我也在做梦。后人把我这一说法看成是消极的东西,看成是一种人生如梦的消极观点或相对主义,这样的理解只是看到了字面上的意思。我的论述意在说明存在的梦性,或者存在的不确定性,同时也是以"梦"与"醒"来隐喻人生的觉醒与否。

陶侃像

陶侃,东晋时期名将。他是晋代著名诗人陶渊明的曾祖父。信奉庄子之学,史家称"孔子之梦见周公,庄子之梦为蝴蝶,陶侃之梦登天门",且说陶侃有"怀止足之分,不与朝权"之志,似庄子之风。

陶渊明像及陶渊明纪念馆

陶渊明深受庄子思想影响,形成了自己独特的人生境界。庄子的自由观成了他反对丑恶、洁身自好的思想武器。他对《庄子》的引用最多,据朱自清在《陶诗的深度》中的统计,共有四十九次之多。朱自清认为陶渊明是庄子的知音。

您在《庄子》中讲了不少神话，编造了许多神仙人物，因此，有的学者还认为您在宣传神仙，是这样吗？

庄子：并非如此。不少学者把我讲的寓言视为“神话”，视其中的人物为“神仙”，这是不太确切的。我只是用这些寓言中的形象和故事来说明自己的思想或说明某个问题而已，重要的是其中的寓意，而不是那些表面的东西，有些学者还批判我幻想出“神仙”，实在是风马牛不相及。神话实际上也是一种童话或寓言。比如，我在《逍遥游》中说到的“藐姑射之山，有神人居焉”，这种神人“肌肤若冰雪，淖约若处子，不食五谷，吸风饮露，乘云气，御飞龙，而游乎四海之外”。从这些描述来看，这些神人确实有点像神仙了。其实那只是我塑造的一种形象化了的理想人格，并非我着意于宣传神仙。至于后来的道教以宣传神仙为能事，那是另一回事了。

柳宗元像

柳宗元，唐朝著名的文学家，字子厚，世称“柳河东”，与唐代的韩愈和宋代的欧阳修、苏洵、苏轼、苏辙、王安石、曾巩并称“唐宋八大家”。他在思想上与庄子有共同之处，视之为知音。尤其是《庄子》中“齐万物”“一是非”“同荣辱”“返璞归真”等观念，使其失落的心境得到平衡，感到慰藉。柳宗元的作品中不仅大量地运用《老子》和《庄子》中的词汇典故，而且刻意模仿《庄子》的创作方法，运用故事小说的形式阐述自己的政治原则和哲学观点。“参之《庄》《老》以肆其端”，因而其文形象生动，意味深长，感染力强。

士成绮像

士成绮，传为春秋时隐士，奉老子为“圣人”，不辞艰苦，远道前往求学，老子教以道之根本，称唯“至人”能守其本。画像藏上海博物馆。

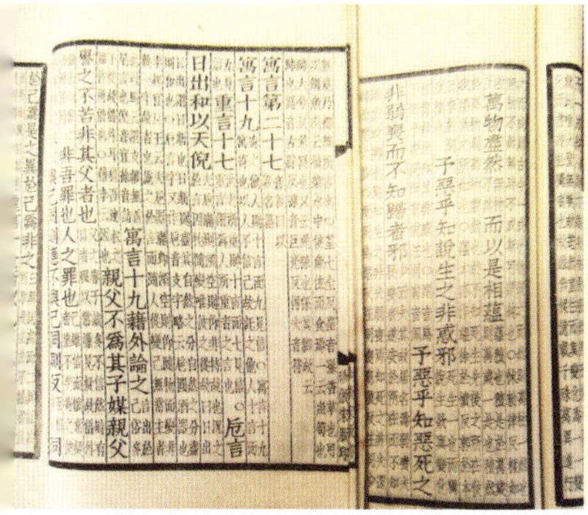

您的《庄子》真可以说是篇篇有寓言、章章有故事，有的寓言中还包含着寓言，真可谓寓言的海洋了，说您是中国古代最伟大的寓言大师，真的一点也不为过。就拿《寓言》篇来说，您在其中讲了许多道理，但也不乏有情有趣、有滋有味的寓言故事。其中有一则“颜成子游谓东郭子綦”的寓言特别耐人寻味，它似乎是在告诉世人，您写这些寓言的真实意图在于教人修身和明道。我们这样理解，对吗？

《庄子·寓言》书影

庄子：这的确是一则表现了我真实思想的寓言，我就是要通过一则则生动有趣的寓言，教人们修身、明道，以达到“无为”的最高境界。文中颜成子游对东郭子綦说：“自吾闻子之言，一年而野，二年而从，三年而通，四年而物，五年而来，六年而鬼入，七年而天成，八年而不知死、不知生，九年而大妙。”这段话的大致意思是说，自从我听了您的教导，一年后变得不受礼教束缚，两年后变得不固执，三年后变得豁然通达，四年后变得不分物我，五年后变得神情自得，六年后进入神化世界，七年后融于自然，八年后能视生死为一体，九年后进入玄妙的崇高境界。这里至少说了以下三种观念：

其一，人性的修炼是一个长久的过程。“九年而大妙”中的“九年”并不是实数。“九”在汉语中是一个十分玄妙的数字。“九”在《易经》中是阳数，代表着阳刚之气。“九”又可通“久”，它告诉人们，修身明道不能一蹴而就，必须经历一个长久的过程。

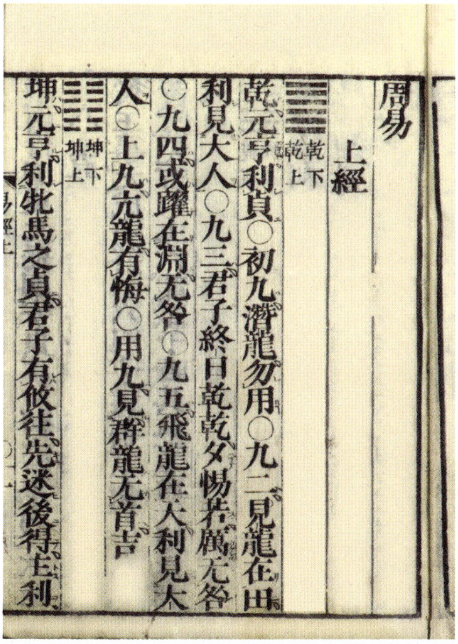

周易 上經

乾下乾上

乾元亨利貞○初九潛龍勿用○九二見龍在田利見大人○九三君子終日乾乾夕惕若厲无咎○九四或躍在淵无咎○九五飛龍在天利見大人○上九亢龍有悔○用九見羣龍无首吉

坤下坤上

坤元亨利牝馬之貞君子有攸往先迷後得主利

《周易》书影

其二，人性修炼是一个渐进的过程。九年中，一年就是一个台阶，年年有变化，年年有提升，最后才能达到“大妙”之境，大妙就是大道。

其三，人性修炼的终极目标是无为。在颜成子游的话中有那么一句：“生有为，死也。”这是一种警示，告诉世人：把“有为”作为人生的目标，那是一条死胡同。意思很清楚，你只有一步步走向“无为”，才能达到理想的境界。

庄子卧姿雕像（庄子祠）

第六章 千秋文脉

庄子的思想，正如司马迁说的，“其要本归于老子之言”，大体上没有越出老子的思想藩篱，但在具体论道时却多有发明。他的贡献是多方面的，他对事物发展变化的推究，他的齐物观念，他的解救“倒置之民”的善心，他对人生的种种直言不讳且坦诚的表白，都是值得肯定的。

在文化和文学方面，庄子比其他诸子的贡献更为突出。郭沫若说：“中国文学史大半是在《庄子》的影响下发展起来的。”闻一多说：“中国人在文化上永远留着庄子的烙印。”在中国古代文化发展的历程中，从寓言到小说，从诗歌到散文，从文学到哲学，都或多或少地受到他的影响。

千秋文脉，值得大书。

许多学者都认为，您的学说是深邃的，您的思想是宏阔的。但您是一个十足的矛盾体，可以说是精华与糟粕同在，积极与消极共体，您自己认同这一点吗？

李泽厚像

李泽厚，著名哲学家，他认为庄子思想深邃、宏阔，对后代文人的影响巨大。他对庄子的思想推崇有加，说："中国文人的外表是儒家，但内心永远是庄子。"（李泽厚：《批判哲学的批判》）

庄子：这不是认不认同的问题，这是事实，是不得不承认的。现在我是在向历史作交代和回复，得说实话和真话。说我完美无缺，或说我一无是处，都不是事实。我自认为我的思想观点有许多独到之处，但也有不足之处，还有本想把事情办好但客观上却起了不好作用的。你们说的"精华与糟粕同在，积极与消极共体"，我觉得这个提法很精到，总体上说，很符合我的实际，比较客观。"当事者迷，旁观者清"，要我批评自己，有点难，还是请你们多批评指教吧！

阮籍像

阮籍，三国魏诗人，崇奉老庄之学，与嵇康、刘伶等七人为友，常集于竹林之下肆意酣畅，世称"竹林七贤"。他把庄子抬高到压倒"六经"的地位，说："彼六经之言，分处之教也。庄周之云，致意之辞也。"（《达庄论》）并明确表示："老子庄周，是吾师也。"（《与山巨源绝交书》）

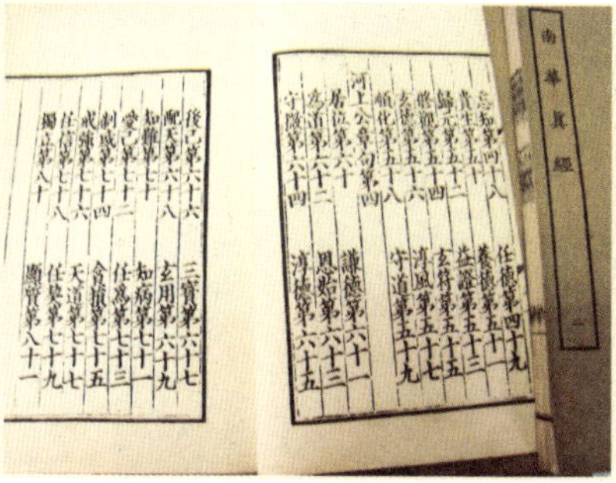

不少学者认为，《庄子·天下》篇涵盖的思想内容极为博大。可以说，它的内涵容量几乎就是一部春秋战国时期的学术思想史，或者说是您及道家学派对于这一历史时期的学术思想所作的批评。是这样吗？

《南华真经》书影

庄子笔下具有理想人格的人是神人、至人、圣人、真人。“至人无己，神人无功，圣人无名。”三者都以“虚”为根，以“无”为本。“人与天不相胜也，是谓真人。”真人是天人合一的典范。

庄子：言过了。《天下》篇涉及的学派代表人物有墨翟、禽滑釐、宋钘、尹文、彭蒙、田骈、慎到、关尹、老聃、庄周、惠施11人之多，其中没有专列儒家学派，也没有涵盖先秦整个思想界。这是个大的缺陷。在春秋战国时期，儒、墨为显学，是真正的大家。我在《天下》篇中讲了墨家，但讲得不深，也有偏见，对儒家思想则没有展开，这是一种缺憾。说我的《天下》篇是一部春秋战国时期学术思想史，的确是言过其实了，它只是代表了我自己的学术视野和学术观念，是有局限性的。

墨子纪念馆外景（佚名）

正像法国学者于连所指出的那样，中国人思维的特点在于迂回与曲折，而不是直白地表达出来。他还以您为例来加以说明，他认为，在您看来，存在的境域是无法直接进入的，只有通过迂回的方式才能够进入，因而借助暗示、隐喻，以间接的方式描述存在，也只有通过这种方式才能够描述存在。是这样吗?

刘凤苞题匾

刘凤苞，清代学者，同治四年(1865年)进士，授翰林院庶吉士，是庄子散文研究大家，其所著《南华雪心编》是《庄子》散文研究的集大成之作。他对庄子的暗示、隐喻等为文风格多有探究，说："至其行为，节节相生，层层变换，如万顷怒涛，忽起忽落，极汪洋恣肆之奇，尤妙在喻意层出叠见，映发无穷，使人目光霍霍，莫测其用意用笔之神。"(清·刘凤苞:《南华雪心编》)

庄子：是的。因为道是无限的，语言是有限的，用有限来把握无限就会产生矛盾，而我们有限的语言和思维却难以容忍矛盾；道是有生机的，富于变化的，而我们的规定是僵化的，用僵化的东西来描述活着的东西，就会产生矛盾。当不得不述说实在的时候，我所追求的不是像西方哲学那样的清楚明白，而是恰恰相反，意在言辞之外，需要人们细心体会。因而，在文字的空白处、隐晦处，都隐藏着"意"，即显示着存在。存在不是词汇，存在在词汇之外。后人研究我的思想的时候，往往会忽视这些空白、隐晦之处所包含的意义。

问礼老聃(选自明彩绘绢本《圣迹之图》)

孔子于鲁昭公二十四年(公元前518年)带弟子南宫敬叔、子路等由曲阜出发到洛邑，向周朝柱下史老聃学习周礼。此事也被庄子作为寓言素材写进《庄子》。

《逍遥游》中所说的宋荣子，就是宋钘，您在《天下》篇将宋钘与其弟子尹文一起来讲，是把其作为一个学派来看。这个学派，也是着眼于解决“天下大乱”问题的，提出了“以禁攻寝兵为外，以情欲寡浅为内”的思想观点。但是，他们怎样才能达到这个目的呢？

尹文像

庄子：在《天下》篇中，我对这派思想作了这样的概括：“不累于俗，不饰于物，不苟于人，不忮于众，愿天下之安宁以活民命，人我之养，毕足而止，以此白心。”从这一概括中可以看到，就“不累于俗，不饰于物”而言，他们的观点是与墨家的观点相类似的。但是，以下所说的，则显示出其与墨家不同的特点。墨家更重视自己作为榜样的践行，而宋钘与其弟子尹文则重视用自己的思想进行对上和对下的说教，以求与人平和沟通，这就是“不苟于人，不忮于众”的意思。而“愿天下之安宁以活民命，人我之养，毕足而止”则与老子清心寡欲和小国寡民的安宁思想相通。其中，“人我之养，毕足而止”，正是对宋钘与其弟子尹文“以情欲寡浅为内”这一思想的诠释。

《庄子·天下》书影

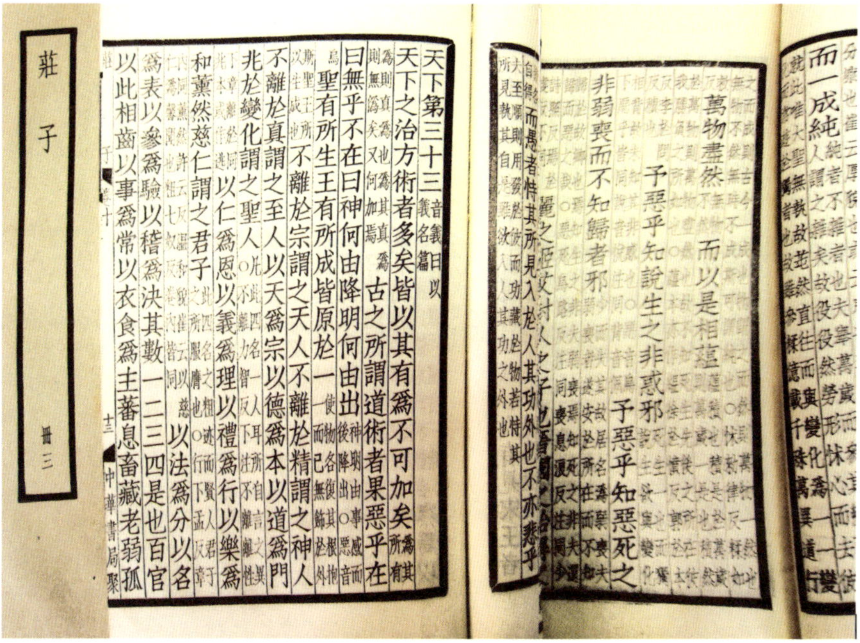

有的学者着眼从哲学层面来理解庄学，认为“鲲化鹏飞”寓言中所蕴涵的哲理有二：其一，体现在从工夫到境界的进程中。鲲潜伏海底，深蓄厚养，经由量变到质变，才能化而为鸟；鹏之积厚展翅，奋翼高飞，都属于工夫修为的层次。工夫论和境界说是中国古典哲学的一大特色，而“鲲化鹏飞”的寓言正寓意由修养工夫到精神境界层层提升的进程。其二，体现在“为学”到“为道”的进程中。《老子》四十八章说：“为学日益，为道日损。”“为学”是经验知识的累积，“为道”是精神境界的提升。老子似乎并没有把这两者联系起来，甚至认为两者是背道而驰的。而您却把“为学”看成是“为道”的前提和基础，大大超越了老子，是不是这样。

庄子：是的。老子提出“为学”与“为道”的重要议题，但没有将两者衔接起来。“为学”“为道”是否可以相通？我作过阐述。在“鲲化鹏飞”的寓言中，我喻示了由修养工夫到精神境界层层提升的进程，同时也隐含了“为学”通向“为道”的进程。而鹏之高举，层层超越，游心于无穷，这正是冯友兰先生所说的精神上达“天地境界”的层次。我在《庄子》中，写了许多由技入道的寓言，如“庖丁解牛”（《养生主》）、“佝偻承蜩”（《达生》）、“梓庆为鐻”（同上）、“大马之捶钩者”（《知北游》）等，这些由技艺专精而进入道境的故事，都表达出了“为学日益”通向“为道”的神妙高超境界。这也可以说是对老子“为学日益，为道日损”说的纠偏和发展吧。

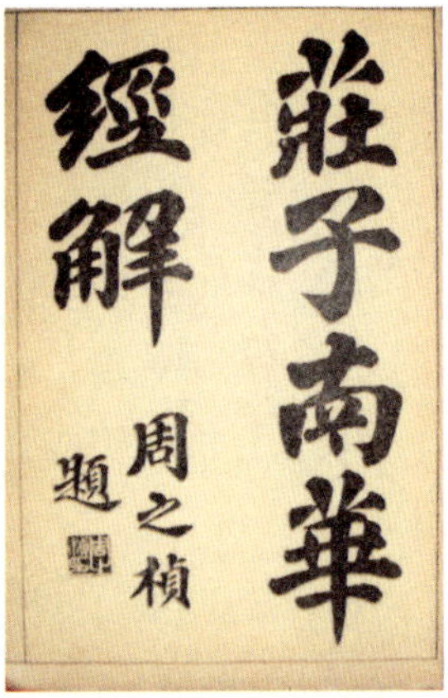

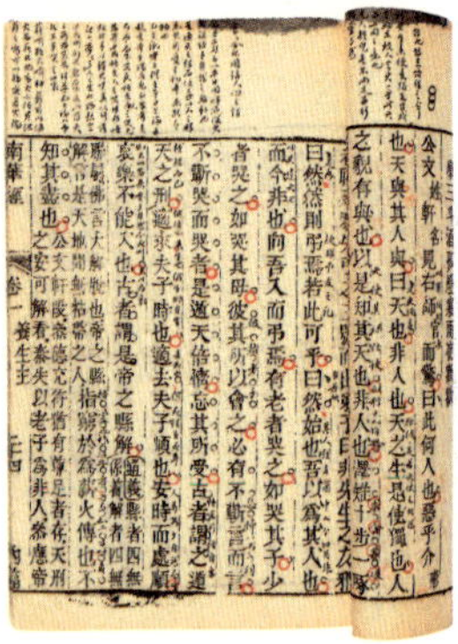

宣颖《庄子南华经解》书影

宣颖，清代学者。他对庄子用寓言喻意的手法作了深入而通俗的分析，他说：“庄子之文，长于譬喻，其玄映空月，解脱变化，有水月镜花之妙。且喻后出喻，不啻峡云层起，海市幻生，从来无人及得。”（清·宣颖：《庄子南华经解》）

“道法自然”石匾

“道法自然”语出王弼《老子注》：“道法自然，天故资焉。天法于道，地故则焉。”

同“孔孟”一样，“老庄”也是今天众所周知的一个名词。老子思想对先秦的诸多思想都产生过影响，对您的学说影响十分深刻。您在《庄子》中对老子赞扬有加，因此，后人将老庄合称也很自然。但是，与孟子自称是孔子的传人不一样，您却没有自称是老子的传人。这是为什么？

王充像

王充，东汉哲学家，他的代表作《论衡》中有《问孔》《非韩》《刺孟》诸篇，旨在退孔、孟而进黄、老。在文中多引黄、老道术反对儒、法。这中间也多少反映了王充的态度。王充高扬的朴素个性、真诚的品格与庄子颇为相似。正如刘熙载所言：“王充《论衡》，独抒己见，如庄周其人。”

庄子：我确实没有自称是老子的传人。声称自己是老子继承人并将老子奉为至尊的是后来出现的道教。道教形成于五行之说盛行的汉代，并成立于东汉末年。道教以老子为教祖，将我与老子等人的著作列为经典，对待世俗生活的看法以“出世”为主。在老子之后一两个世纪，我以“道”为基础建立了自己的思想。人们都说我发展了老子的思想。其实，并非如此，我们不能仅从主观臆测出发，要切切实实地考查一下我思想中的各种要素。《庄子》分为《内篇》七篇，《外篇》十五篇及《杂篇》十一篇，到唐代又诏号为《南华真经》。书中有许多小故事，像“朝三暮四”“庖丁解牛”“螳臂当车”“井底之蛙”“邯郸学步”“螳螂捕蝉”等，这些都以文学的形式广为流传。从书中可以看出，我对老子既有继承，又有发展，还有扬弃。正因为如此，我没有简单化地以老子传人自命。

老子像

您以诗一般的语言，充满隐喻的叙述，给人们留下了想象的空间。无论在文学、艺术还是哲学领域，您都给后人提供了丰富的思想资源。有学者这样认为，如果将哲学分成概念哲学与想象哲学的话，在西方哲学传统中，亚里士多德属于前者，柏拉图则属于后者。而在中国哲学传统中，老子当属于前者，而您当属于后者，可不可以这样认为？

蒲松龄像

蒲松龄，明末清初学者，对科举制度的不合理深有感触，以毕生精力写出《聊斋志异》。他对庄学颇为推崇，说：“千古之奇文，至庄列止矣。”（《庄略小引》）他还选编了《庄子》的精华，而且“率凭管见”加以注释。其目的不仅仅是为了“叹赏”，而是要“猎狐而取其白”。很明显，蒲松龄志在吸收寓言创作之精华，舍其“虚无之奥义”，作为自己创作的借鉴。

庄子：这个问题，就由后人去评说吧。有的学者认为，我对于后世的影响应包括三个方面：一是开创了中国的文人传统，二是开启了审美的人生观，三是在后代哲学理论体系建构上产生了积极的影响。我认为，此说多少反映了客观事实。下面就让我们从这三个方面加以剖析吧！

蒲松龄故居

有人说您开创了中国的文人传统，继承您的文化传统的大有人在，嵇康未尝不是，陶潜何曾不然，东坡恐亦如此，是这样吗？

曹雪芹像

曹雪芹，清代小说家，出生于一个“百年望族”之家，家庭的衰败使其饱尝人生的辛酸。他以坚韧不拔的毅力，历经十年创作了《红楼梦》。庄子以“蝴蝶梦”表达了他对人生的困惑与迷惘，曹雪芹以“红楼梦”抒写出他对社会的忧患和人生的感伤。庄子与曹雪芹，虽然所处的时代相距甚远，却是以梦同一机杼，同一怀抱。

庄子：我是否开创了中国的文人传统，当由后世评说。不过，有这样的史实：先秦时代，贤人辈出，然而大多处于仕与隐之间。我则是超越了仕与隐之间的矛盾，既“独与天地精神往来”，又“不谴是非，以与世俗处”。(《天下》) 在动乱的时代中，成为一个清醒者、殊异者。然而我又不同于屈原，我的清醒与殊异，并非基于愤世之孤傲与洁身之坚持，而是以广袤无垠的宇宙意识与天地精神，对世间多怀一份觉醒的洞悉与深情的理解。

我对中国士人思想人格的影响是十分深刻的。那种对黑暗社会深刻无情的揭露，对反动统治者的极端鄙视和决不合作的态度，以及超然物外、逍遥自在、特立独行的人格精神，这些都渗入了后世士人的心灵深处。李白曾高唱“安能摧眉折腰事权贵，使我不得开心颜”，说自己是受益于庄子的大鹏精神。辛弃疾常将《庄子》置于案头，不时阅读，发出“怎得身似庄周，梦中蝴蝶，花底人间世”的感叹。他是愿做我庄周这样放荡不羁的文化人的。可见，我的思想对开创中国的文人传统的确是起了巨大作用的。

曹雪芹故居

陶渊明辞去彭泽令之职，史称其“不为五斗米折腰”，这是他个性的生动体现。他显然是受到了您敝屣功名、淡泊利禄、耿介正直精神的影响。不少学者由此认为，您的思想对陶渊明人格的影响是多方面的，陶渊明的“任真自得”很大程度上应是受了您的影响。萧统在《陶渊明传》中说：“渊明少有高趣，博学、善属文，颖脱不群，任真自得。”陶渊明的风度和人格果真是受到您思想的深刻影响吗？

萧统像

萧统，南朝梁代文学家。对庄子的“任真自得”思想大为赞赏，同时认为陶渊明有庄子之风。主持编撰《文选》，后又称《昭明文选》。

庄子：陶渊明的思想受我的影响是肯定的，道家思想成了他思想观念中的主干。朱熹在《朱子语类》中说：“渊明所说者庄老。”陈寅恪在《陶渊明思想与清谈之关系》中说：“渊明为人，实外儒而内道，舍释迦而宗天师者也。”朱自清在《陶诗的深度》中说：“陶渊明诗里主要思想实在还是道家。”我在《渔父》篇中说：“礼者，世俗之所为也；真者，所以受于天也，自然不可易也。故圣人法天贵真，不拘于俗。”“真”即“任真”，就是顺应自然。“任真”的结果是顺应天地自然之道，任情肆志，一任人性的暴露和宣泄。在《五柳先生传》（陶渊明号五柳先生）中，陶渊明对自己“任真自得”的个性作了描述。如“不知何许人，亦不详其姓字”“不慕荣利”“忘怀得失，以此自终”“常著文章自娱，颇示己志”。陶渊明把自己的“任真自得”描写得如此生动。魏晋时期士人必读的“三玄”是指《周易》《老子》《庄子》，而且向秀、郭象注《庄子》以后，“庄学”大盛。我的自然之旨成为当时玄学的核心内容。超然自得、卓尔不群、不拘形迹的人格构成了魏晋风度的具体内容，这也许是陶渊明形成“任真自得”的人格的社会背景。

朱自清像

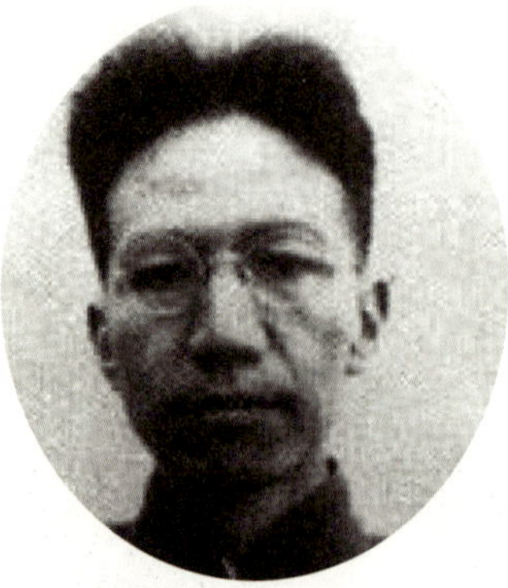

陈寅恪像

学者胡道静指出，“庄学”除了在魏晋和唐代有两次短暂的复兴之外，基本上是受压制的。他说：“在漫长的历史流程中，庄子成了民间知识分子的抗议呼声而存在。”这话说得有道理吗？

李白像

李白，唐代诗人，被后人尊称为“诗仙”，与杜甫并称为“李杜”。李白作品的“清水出芙蓉，天然去雕饰”，正是对庄子“法天贵真”思想最恰当的诠释。从李白的诗来看，李白深受庄子思想的滋养。据统计，李白诗歌中引用庄子典故的诗达七十多首。《庄子》现存三十三篇，李白诗涉及的有二十四篇之多。

庄子：总体而言，是有道理的。那些高高在上的达官贵人，那些春风得意的士大夫，是不可能信奉“庄学”的，只有对现实社会愤愤不平的知识分子，他们沦落在社会的底层，才会拿起“庄学”来，或作为抗争的武器，或作为精神的寄托。正是我的“庄学”，造就了魏晋时期嵇康这样一些放荡不羁的奇才、怪才。而在这些被称为奇才、怪才的知识分子身上，又能让人触摸到民族的良心和良知。

李清照像

李清照，宋代女词人，号“易安居士”。她既有儒家“穷则独善其身，达则兼济天下”的一面，更有老庄“返璞归真，随缘自适”的一面。道家思想成了抚慰她孤寂灵魂的一剂良药。后人有《漱玉词》辑本。今有《李清照集校注》。

这里还想说说另外一种情况。有学者说："魏晋以后，庄子思想深入到一代又一代的读书人之中，成为一种影响广泛的文化传统。"（阎韬：《诸子群经》）这种文化传统大致表现为：读书人独立、自由，不附贵，不欺贫，追求自身的完满和崇高，不为名缰利锁所困，傲视那些不可一世的高位者，等等。可是，自从唐玄宗天宝年间您被册封为"南华真人"，您的《庄子》一书也被推上《南华真经》的高位以后，情形有了不小的变化，正如关锋说的："逐步形成了御用文人的庄子精神。"（《庄子哲学批判》）这也可以看成是两面性吧？

庄子：的确，这也是两面性。无疑，那是历史造成的，我要负的是一份历史性责任。有学者说得很有意思："庄周哲学并不能使不得志的人得志，也不能使不如意的事如意。它不能解决问题，但它能使人有一种精神境界。对于有这种精神境界的人，这些问题就不成问题了。它不能解决问题，但能取消问题。人生之中总有些问题是不可能解决而只能取消的。"（冯友兰：《中国哲学史新编》）我希望给予读书人的正是这样一种"精神境界"。而这种精神境界只能根植于民间，离开了这块土壤，这种精神境界也就不存在了。《庄子》被封为《南华真经》，我被册封为"南华真人"以后，这块土壤失去了，在皇家宫廷中培育出来的文人当然只能是没有精、气、神的"御用文人"。这也许是我的历史性悲哀吧！

杜甫像

杜甫，盛唐诗人，世称"诗圣"。他没有像李白那样"晚学黄老"，但始终崇敬老庄，《庄子》"涸辙之鲋"的比喻成了杜甫现实生活的写照：现实生活中，杜甫清贫不能自足，不正像那奄奄一息待毙于干涸车辙里的鲋鱼吗？

我想，今天说这些话，作这样的回顾，目的还是为了更好地往前走，而不是为了算什么历史的旧账。今天大家研究庄学，可以在如何弘扬其精华的内核上多下些工夫。

杜甫草堂

上面我们探讨了庄学对开创中国文人传统的影响。下面再来讨论一下开启审美人生观方面的问题吧！引起人们极大兴趣的是，您在《德充符》一文中塑造了五个或外貌奇丑，或身有残疾，但德性高尚的人物形象，他们有的断足，有的无趾，可他们的行为却让君主、师友、朋辈感动。您这样写的意图和旨趣何在？

鲁迅像

鲁迅对庄子的文风赞叹不已，他说，庄文则汪洋恣肆，仪态万方，晚周诸子之作，莫能先也。

庄子：我是为了阐明一个“德”字，此“德”并非一般意义上的道德或者德行，而是指一种心态。我认为宇宙万物均源于“道”，而万事万物尽管千差万别，归根到底又都浑然为一，这两点体现在人的心态上，便是“忘形”与“忘情”。所谓“忘形”，就是物我俱化，死生同一；所谓“忘情”，就是不存在宠辱、贵贱、好恶、是非。这种“忘形”与“忘情”的精神状态就是我笔下的“德”。该篇以“德充符”为名，也颇具深意。“德”，当然是德性；“充”，指充实；“符”，则是验证的意思。我在这里赞誉这些形残貌丑之人，是因为这些人是“德充符”之人。我并非故意贬低外在美，而是认为人的形相乃是天生，不可改变，只能“因其固然”，以德才充实于内以适合外在的世界，来弥补形象的不足，人的自然形象与德才相比，德才是首位的。孟子有言：“友也者，友其德也。”（《孟子·万章下》）交友的原则是德，而不是财、色、权。育人应以“德”为先。我们对残疾儿童、智障儿童、貌丑儿童应给予平等的关爱和教育，以“德”充实他们的内在素质，使他们成为社会的有用之才。

《孟子或问纂要》书影（宋刻本，现存上海图书馆）

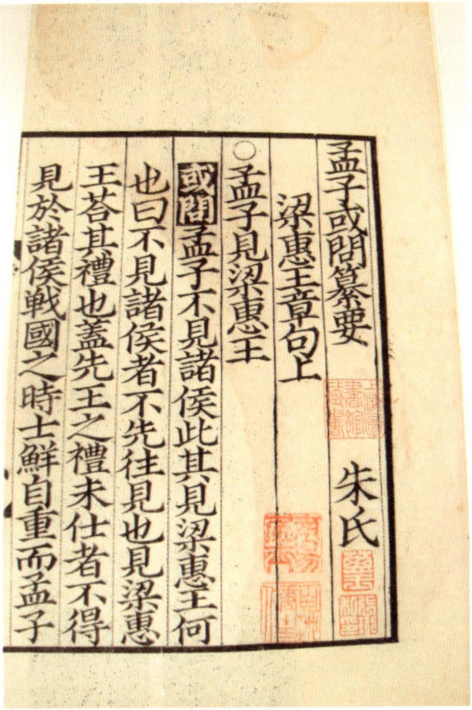

孟子或問纂要　朱氏

梁惠王章句上

○孟子見梁惠王

或問孟子不見諸侯此其見梁惠王何

也曰不見諸侯者不先往見也見梁惠

王荅其禮也蓋先王之禮未仕者不得

見於諸侯戰國之時士鮮自重而孟子

一四一问庄子

您在《养生主》里说庖丁解牛，游刃有余，是因为“今臣之刀十九年矣，所解牛数千矣”。“游刃有余”的绝艺来自十九年解数千牛的经验积累，不可谓不勤。这里是否在讲“勤劳求知”的思想？这种思想与审美人生观又有何关系呢？

绍隆像

绍隆，宋代临济宗僧。好老庄之学，精研律藏。谒长芦信禅师，又谒圜悟于夹山，迁居平江之虎丘山云岩禅寺，大振圜悟之禅风，世称“虎丘绍隆”。在日本，其法系亦颇隆盛。

庄子：是的，这是我一直强调的思想。我在《山木》中也大力鼓励“勤劳求知”。“勤”，讲究坚持不懈；“劳”，讲究辛勤劳作。在《达生》中，我讲了《佝偻承蜩》的故事，说驼背老人持竿捕蝉如同捡东西一样容易。我还借用孔子答问的秘诀说：“我有道也。五六月累丸，二而不坠，则失者锱铢；累三而不坠，则失者十一；累五而不坠，犹掇之也。”这里讲出了苦练绝艺的过程。六月天练技，先练垒泥丸，把泥丸放在竹竿一端，从叠放两个到连叠放五个而不掉到地下，练成这样的绝技，自然要付出很大的辛劳。我不是明确说过吗？“厉与西施，恢诡谲怪，道通为一。”（《齐物论》）厉指的是丑女人，西施指的是美女，可是她们在“道”面前是一律平等的，美与不美，不在乎外表，而在于内里。我在《庖丁解牛》等中说到的“勤劳求知”思想，昭示的是一种人格的内在美。

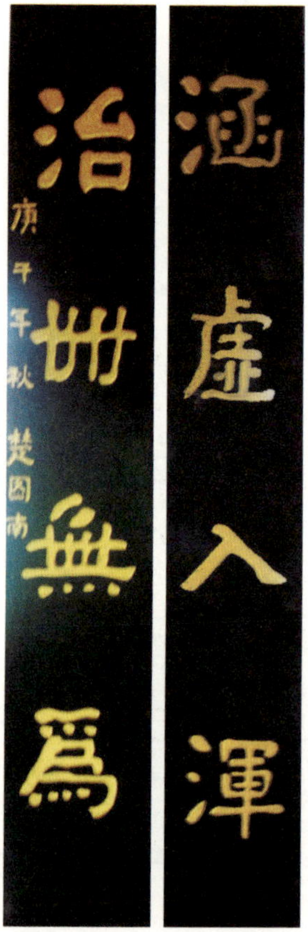

庄子祠对联：

涵虚入浑　治世无为

您在《天道》篇里讲述了“轮扁斫轮”的故事：斫木制车轮的匠人轮扁说：“斫轮，徐则甘而不固，疾则苦而不入。不徐不疾，得之于手而应之于心，口不能言，有数存焉于其间。臣不能有以喻臣之子，臣之子亦不能受之于臣。”这段话是什么意思呢？

叶适像

叶适，又称水心先生，南宋时期著名思想家、文学家、政论家。他所代表的永嘉事功学派，与当时朱熹的道学派、陆九渊的心学派，并列为南宋时期三大学派，对后世影响深远。他评价庄子说：“自周之书出，世之悦而好之者有四焉——好文者资其辞，求道者意其妙，汩俗者遣其累，奸邪者济其欲。”

曾侯乙编钟

庄子继承了老子的自然观，主张“法天贵真”，即效法自然，珍贵本真。与孔子的道德论、墨子的功利论不同，庄子更关注主体的精神自由，即提倡音乐应成为人们抒发心声的艺术。

庄子：“轮扁斫轮”的故事就是说，木匠用斧头斫木制车轮，要斫得不快不慢，完全凭手与心的感应，其中的秘诀用言语是无法表达出来的，连自己的儿子也传授不了，因此无法从我这里学到。我用这个故事说明有些知识是无法从书本中学到的，也不能得之于他人的传授，只能从自己的实践中去感悟，实践对于求知有着不可替代的作用。后人从我“勤劳求知”的思想中获得启示，明白了一个人要有“劳动”求知、刻苦练习、坚持不懈等品质。这当然也是一种人格美。

您在《马蹄》里说："马，蹄可以践霜雪，毛可以御风寒，龁草饮水，翘足而陆，此马之真性也。虽有义台路寝，无所用之。及至伯乐，曰：'我善治马。'烧之，剔之，刻之，雒之，连之以羁絷，编之以皁栈，马之死者十二三矣；饥之，渴之，驰之，骤之，整之，齐之，前有橛饰之患，而后有鞭筴之威，而马之死者已过半矣。"学者们认为，这是您主张顺应天性、因材施教的思想，是这样吗？

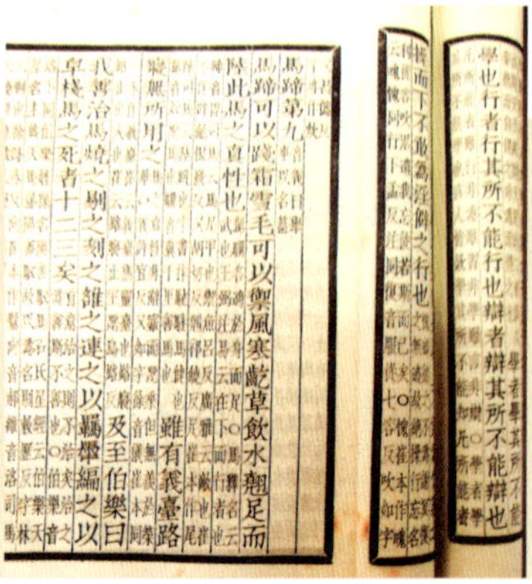
馬蹄第九
馬蹄可以踐霜雪毛可以禦風寒齕草飲水翹足而
陸此馬之真性也
雖有義臺路
寢無所用之
及至伯樂曰
我善治馬燒之剔之刻之雒之連之以羈馽編之以
皁棧馬之死者十二三矣

《庄子·马蹄》书影

庄子：是的。我说伯乐治马，用烧红的铁器灼炙马毛，用剪刀修剔马鬃，凿削马蹄甲，烙制马印记，用络头和绊绳来拴连它们，用马槽和马床来束缚它们，这样违反了马的天性，致马死去。所以，我说，马性应该是一而不党，"命曰天放"。就是说浑一无偏，任天自在，具有完整的真性，没有偏离真性的地方，放任天然，自由自在。同理，教育也应该培养完整的人性，而不是束缚、扭曲、摧残人性，应该依据人追求自由的天性施教。那么，人的天性是什么呢？人的天性由两部分组成：文明性和野性。文明性是人类生存发展过程中，历史的文化教育的影响积淀在人性格中的比较稳定的因素，如善良朴实、自律利他等。野性是人类在同大自然搏斗中，在人类自身竞争中形成的斗争性。这包括自利求生、勇猛顽强、坚韧不拔、奋争好胜、机警权变等。拼搏精神是人类在竞争的社会中生存和发展不可或缺的心理品质。

呼吁人们保持适度的"野性"，这也该是审美人生观的一个课题吧！无"天放"之性的人，还能算是真正意义上的人吗？

三教图（明代）

您批评当时的社会，指出当时的一些人人性沦丧，这些都没错。但是，您主张回到无知、无欲、无为的原始状态去，还大大咧咧地说：“夫至德之世，同与禽兽居，族与万物并，恶乎知君子小人哉？同乎无知，其德不离；同乎无欲，是谓素朴。素朴而民性得矣。”（《马蹄》）人都“同乎禽兽”了，还有什么人性之美？这个世界还成何体统？有的学者认为，您在这里宣扬“社会倒退论”，能这样说吗？

庄子：上面这些话是我极而言之的愤世之说，也许讲得严重了些吧。我当时看到了那么多的社会问题，却又无能为力，就只能到历史中去找解决问题的良方了。结果没有找到，倒让后人误会。至于人的“同与禽兽”之说，是针对有些人的多欲、贪婪比禽兽更甚而言的，是对现实社会的无情批判，并不是真的要回到远古社会去。因此，不应给我戴上“社会倒退论”的帽子。

刘勰雕像

刘勰，南北朝时期著名的文学理论家，一部《文心雕龙》奠定了他的学术地位。他对庄学颇有研究，在《文心雕龙·明诗》中说：“宋初文咏，体有因革，庄老告退。”书中大量引用《庄子》章句。

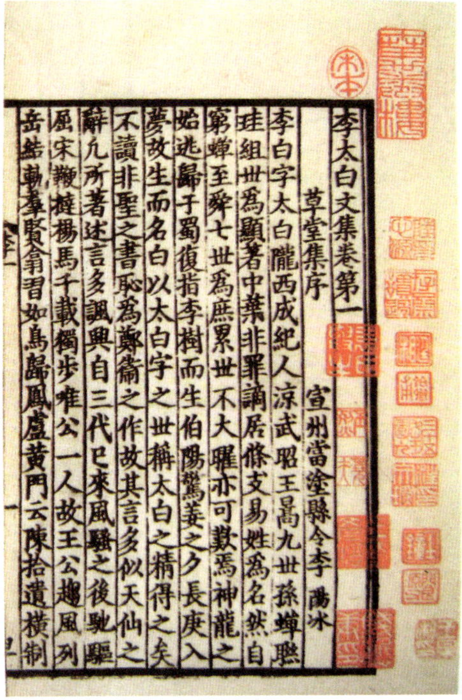

李太白文集卷第一
草堂集序　宣州當塗縣令李陽冰
李白字太白隴西成紀人凉武昭王暠九世孫蟬聯
珪組世爲顯著中葉非罪謫居條支易姓爲名然自
窮蟬至舜七世爲庶累世不大曜亦可歎焉神龍之
始逃歸于蜀復指李樹而生伯陽驚姜之夕長庚入
夢故生而名白以太白字之世稱太白之精得之矣
不讀非聖之書恥爲鄭衞之作故其言多似天仙之
辭凡所著述言多諷興自三代已來風騷之後馳驅
屈宋鞭撻揚馬千載獨步唯公一人故王公趨風列
岳結軌羣賢翕習如鳥歸鳳盧黃門云陳拾遺橫制

《李太白文集》（宋蜀刻本）书影

此为现存李白诗文集的最早刻本。书中显示了李白的游仙学道深受老庄思想之影响。

有的学者认为，在哲学理论体系建构方面，您的思想对后代的影响极大，可谓是“中国古代哲学大师”，是这样吗？

苏轼像

苏轼自幼就喜读《庄子》，对庄学非常推崇，认为庄子说出了他的心里话，诗文也屡引《庄子》中的典故。他有句读书心得说：“吾昔有见，口未能言，今见是书，得吾心矣。”（《宋史·苏轼传》）

庄子：言过其实了。当然在哲学理论体系建构上，我确实是作出了一些贡献的。我继承和发展了老子关于“道”的学说，把“道”规定为“自本自根”的最初本原。在世界观上我主张“齐物我”，在认识论上主张“和是非”，在历史观上主张“无古今”，在人生观上主张“一死生”，最终“逍遥乎无为之业”。这种学说既脱胎于老子，又不同于老子，尤其在对待生死问题上比老子更明晰、更通脱。老子是论道、论法，不论理，而我大谈“万物之理”（《秋水》），认为“夫德，和也；道，理也”（《缮性》）。把“理”作为一个重大的哲学课题来研究。此外，我还比老子更多倾力于心性和天气气息的研究，这在哲学史上都具有开创性。我的思想对后代确有不少影响。以宋明理学或心学来说，在理、气、心三体系中，除了孟子的心性论，我的哲学思想亦在其中起到了重要的影响。张载的“太虚即气”源自我的气论，而程颐的“理一分殊”，更是以老子的“道”—“德”、我的“道”—“理”关系架构为其理论模式。宋明理学虽强调儒学道统，然而在理论体系的建构上，多依循老子和我的哲学论题与思维模式。

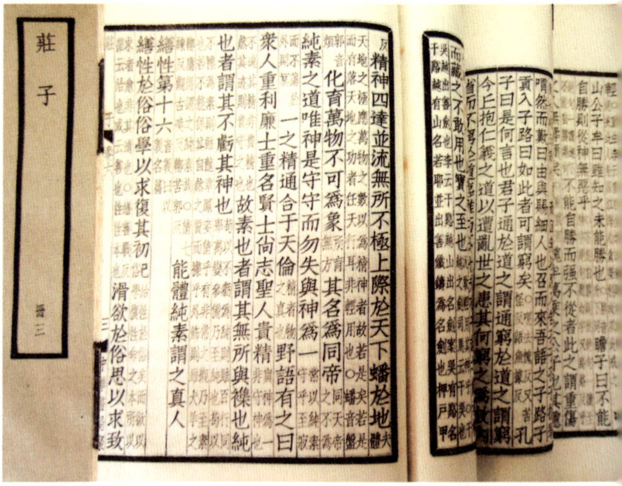
莊子

精神四達並流無所不極上際於天下蟠於地
化育萬物不可爲象其名爲同帝
純素之道唯神是守守而勿失與神爲一
一之精通合於天倫野語有之曰
衆人重利廉士重名賢士尚志聖人貴精
故素也者謂其無所與雜也純
也者謂其不虧其神也能體純素謂之真人
繕性第十六
繕性於俗俗學以求復其初滑欲於俗思以求致

《庄子·缮性》书影

《庄子》素以难解著称。由于《庄子》文本的开放性，对庄学的阐释存在着多种阐释指向，以道解庄者有之，以儒解庄者有之，以《易》解庄者有之，以佛解庄者有之，可以说是众说纷纭。有的学者认为您的思想包罗万象、内涵丰富，可用“万花筒”一词来形容，是这样吗？

程颢像

程颢，北宋大儒，理学家、教育家，与程颐为同胞兄弟，世称“二程”。二程早年受学于理学创始人周敦颐，宋神宗时建立起自己的理学体系。二程的学说后来由南宋朱熹等理学家继承发展，成为“程朱”学派。他们以理学解庄，富有特色，亦彰扬庄学。

庄子：我明白“万花筒”一词的含义。也可以这样形容吧。我在《庄子》中阐发人生智慧时用了许多有趣的寓言故事，如“螳螂捕蝉”“庖丁解牛”“庄周梦蝶”，对这些寓言故事人们可以进行种种合理的想象，得出种种不同的结论。再说，每个人的立场、视角不一样，所以会得出我的思想就像一个“万花筒”的结论。当年惠施与我争辩不休，说明对我的学说该怎么理解，在我在世之时就有了争议。

“濠上之辩”图
（陈剑生绘）

讲清了上面这些，下面我们可以议一些轻松一点的话题了。先说说您的散文风格吧。鲁迅说《庄子》的文字“汪洋辟阖，仪态万方”。闻一多也称赞说：“南华的文辞是千真万真的文学。”这些评述，对您是极大的慰藉吧？

黄庭坚像

黄庭坚，北宋诗人、词人、书法家，为盛极一时的江西诗派开山之祖。尽管他的思想以儒家为主，但他将庄子“天游”说、佛典的莲花之喻与儒家“观物慈哀，莅民爱庄”之心相融合，饱含庄学色彩。在诗词中，他常引用《庄子》之句，排解苦闷。其人孤傲高洁，特立卓行。苏轼在《御风赋》序中说：黄庭坚《枯木道士赋》，深得《庄》《列》旨趣。

庄子：我在文学上，的确是做了很大努力的。因为在我看来，文字要打动人、说服人，就要吸引人。在我之前，有老子和孔子的语录体散文，基本上是纪实的。墨子等的论辩体散文基本上也是纪实的。而我把前人的东西加以吸收、综合，并进行新的创造，形成一种优美飘逸、恢宏谲怪的文学风格。这里有记述，更有描述；有实录，更有想象。从这点上说，我在文学与文化上有拓荒的价值。对这一点，我还是颇为得意的，因为在文学上，我功在后世。

庄子祠对联：

至文原不朽
大用岂无功

庄子胸襟抱日月
道家虚气塞乾坤

您在说理过程中，想象超越了纪实，而且很少直白地、长篇大论地说理，很多情况下是寓理于寓言和故事之中。这种创作方法可以说是开中国文学浪漫主义的一代新风，在您之后的数千年间，您开创的这种文风一直被继承了下来，这也许是您始料未及的吧？

刘歆像

刘歆，西汉后期著名学者。他不仅在儒学上很有造诣，在目录校勘学、天文历法学、史学、诗等方面都堪称大家。他在刘向撰的《别录》基础上，修订了中国历史上第一部图书分类目录《七略》，他披露了孔壁古文《尚书》与《逸礼》发现的事实，把老、庄道家归入《诸子略》，神仙归入《方技略》。

庄子：在当时，我当然没想那么多。但是，有一点我的确优于前代和与我同时代的诸子。我的思绪神游于人与物之间，物与物之间，天地万物之间，宇宙云天之间。我写《逍遥游》，写扶摇直上九万里的大鹏，其实从精神气质上说，我自己就是一只大鹏，就是每天都在作逍遥之游。唯有这样，我才写得出如此有宏大奇雄气魄与汪洋恣肆的浪漫主义色彩的作品来。至于闻一多先生说我的作品影响了中国大半部文学史，那完全是我预期之外的事了。在当时我是想都不敢想的，因为在当时，我只是个不起眼的“小人物”罢了！

鲁壁

明代为纪念孔鲋藏书的功绩而立。相传秦始皇焚书坑儒时，孔子九世孙孔鲋曾将《论语》《尚书》等儒家典籍藏于孔子故宅夹墙内，西汉时始被发现。有学者认为，被藏之书中当有老庄之籍。

我们说您开创了文化史上的一个寓言的时代，不是说在您之前没有寓言（或者说寓言还成不了气候），我们这里只是强调您开创了以寓言的形式叙事、议论、交谈、状物这样一种思想文化新局面。有了您，有了您的十余万言的《庄子》，我们可以昂首挺立于寓言王国之林。这一点，您感悟到了吗？

顾炎武像

顾炎武，明末清初著名的思想家、史学家、语言学家。号亭林，与黄宗羲、王夫之并称为明末清初三大思想家。他特别关注和欣赏庄子天马行空、独来独往、自由自在的思想境界。他认为，庄子劝世人忘却功利，“至人无己，神人无功，圣人无名”，若能遵循自然规律，乘着六气的变化，逍遥于自由的境界，人就可以解除束缚，不求依赖了。他的“庄子不累”思想为人们打开了另一片自由而广阔的天空。

庄子：这是确实的。在创造寓言的过程中，我是自己解放了自己。我说了“天马行空”，说了“独来独往”，说了“神游万物”。这些话后世都一直引用，成了我们民族的一大精神财富。对此，我当然高兴。思想上的“逍遥游”，让我可以在无古今、无物我的状态下神游于世界——不只是现实的世界，更是我想象中的精神世界，超然物外的世界。这个“世界”之大之广阔，在我之前的人都没有体验过。这种无拘无束、自由自在的精神，必然会影响后人，也算是我留给后人的一份精神财富吧！

庄子祠内的西道舍

在寓言中，您创造了一个个让世人难以忘怀的活生生的形象，而这些形象后来成为民族的精灵。这也是您的一大贡献吧？

张居正像

张居正，明代政治家、改革家，为三朝首辅。有人认为，张居正崇法，有人说他尊儒，其实他是"集大成者"，他接纳了老庄思想，对"相濡以沫，不如相忘于江湖"的快乐人生甚为赞赏，有"文吏"和"儒生"两种思想统一的一面，不时显示出浓郁的道家色彩。

庄子：事实证明，单是理论的说教，是难以行之久远的，而一个完满的文化或文学形象，却能代代相传。我所创造的"水击三千里，抟扶摇而上者九万里"的大鹏、"不知说生，不知恶死"的真人、"肌肤若冰雪，淖约若处子，不食五谷，吸风饮露，乘云气，御飞龙，而游乎四海之外"的神人，这些形象已经成了我们民族思想宝库中的一种精神符号，它们鼓舞着一代代传人奋勇前行。

庄子故居遗址

庄周故里（商丘）

在您的文稿中，不仅有故事，而且故事生动有趣，引人入胜；不仅有人物，而且人物栩栩如生，活灵活现。您的作品中，有故事、有情节、有细节。人物有神态、有动作、有表情，还有心理活动。《盗跖》篇是典型，其中有关孔子见盗跖，简直就是一篇完整的小说。因此，说您开中国小说之先河，也是可以的吧？

陆游像

陆游，南宋爱国诗人，著有《剑南诗稿》等，今尚存诗九千三百余首，是我国现有存诗最多的诗人。陆游家中存有两千卷道书，深受庄子思想的影响，诗中大量引用《庄子》章句。他认为诗文为发泄人心郁闷的利器，又主张养气以求工。他遭受打击排挤时常在庄学中寻找精神寄托，曾作《跋坐忘论》，还说：“庄语畏如俳，端居要若斋。清虚集心腑，枯槁见形骸。”他所说的“清虚集心腑”即对庄子之语的参悟。

庄子：我的脑海中没有你们所说的“小说”这个概念。我虽说过“饰小说以干县令”（《外物》）的话，但那个“小说”只指低微的言论，即“小言”，与后世的小说体裁不相干。我只知道寓言与论说的结合。这种寓言与论说的结合如果说就是小说的话，那我看我同时代的人和我身后不久的许多人的文章中都有着小说的元素，只是我体现得更浓郁、更完整些罢了。我知道，真正的小说体裁要在我身后千年的唐宋才有。当然，唐代的传奇和宋代的话本中，有我寓言的元素在，从这个意义上说，我的确算是中国小说的开山鼻祖了。

《庄子·盗跖》书影

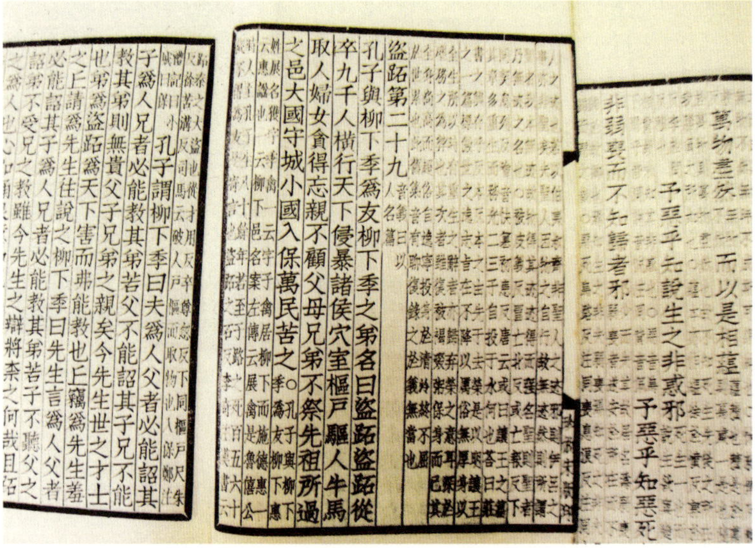

说到小说，您的著作不只影响到了小说的内容，比如，您在寓言中虚构了许多鬼怪异事，这成了魏晋以后志怪小说的鼻祖。更主要的是影响了小说的精神，著名的《红楼梦》一书，实际上就是以庄学思想为骨架进行著述的。您说是吗？

顺治像

清朝建立后，对道教远不及明朝那样尊崇，但仍认为“庄老之学有益国治”予以保护。顺治八年（1651年）、十二年（1655年），先后诏令第五十二、五十三代天师入觐，袭封“大真人”，并敕免龙虎山上清宫各色徭役，以倡道教。

庄子：对此，我是知道一点的。《红楼梦》中有庄学，那是肯定的。《红楼梦》的作者曹雪芹，他就是一个《庄子》谜，在他的床头和书房里各备有一部《庄子》以供日日诵读。《红楼梦》第一回就捧出了一个“太虚幻境”，它的主旨就是“假作真时真亦假，无为有处有还无”，这不是庄学吗？在我的庄学中，讲了那么多的“真”与“假”、“无”与“有”，《红楼梦》更是推进了一步，更加艺术化了，但它的源头是庄学。

康熙像

康熙亲自主持编纂《康熙字典》《佩文韵府》《清文鉴》《古今图书集成》等六十多种典籍，约有二万卷。他认为《南华真经》能治身，也能治国，主张道儒并崇。曾命第五十四代天师张继宗进香五岳，祈雨治河，袭封“大真人”，授光禄大夫。

《红楼梦》邮票集

《红楼梦》二十一回写道：一天，贾宝玉在与一些贾府的女孩闹别扭之后，就闷在自己的书房中读书解闷。他随手拿过一本《庄子》(《南华真经》)，专心致志地读了起来。当读到“灭文章，散五采，胶离朱之目，而天下始人含其明矣”时，眼前顿觉一亮，便意趣盎然地提笔写下了一篇心得。他认为贾府的那些女子都是“迷眩缠陷天下者也”，决计要从红尘中摆脱出来。写罢，感到轻松了许多，便恹恹地睡着了。第二天一大早，林黛玉去贾宝玉的书房，看到了他读《南华真经》时写下的心得，也写下一段文字，说他是“不悔自家无见识，却将丑语诋他人”。先生，您以为《红楼梦》中这段文字的价值何在?

庄子:《红楼梦》的作者特意在二十一回中安排这样一节文字，让书中的两个主角贾宝玉和林黛玉同读《庄子》，其意在说明“红学”中有着太多的“庄学”成分。不知你们注意到了没有，贾宝玉读《庄子》时，书是随手拿来的，表明他平时常读此书。林黛玉看了贾宝玉的读后感后，马上能作七绝一首，说明她对《庄子》也早已熟读。我甚至认为，“庄学”是“红学”的真正灵魂之所在。整部《红楼梦》的结语是:“由来同一梦，休笑世人痴!”这不正是从《庄子》中演化出来的吗?

雍正像

雍正主张“三教合流”，认为道能治身，尊奉老庄，延请道士入宫炼丹后，便为道士制作印章，有“太上老君驱邪宝”等。雍正五年(1727年)令第五十五代天师张锡麟入觐，依前朝旧例袭封“大真人”，授光禄大夫。雍正皇帝晚年多病，于雍正九年(1731年)召龙虎山正一道士娄近垣入宫，设坛礼斗，以符水治病有验。娄近垣因此被封为“妙应真人”，其修法见识被选入雍正所编《御选语录》。

庄子祠(正面)

后　记

为了提高国民的文化自觉和文化自信，为建设社会主义文化强国添一块砖、加一片瓦，我们花费了数年时间编纂了这套定名为“提问诸子”的丛书。我们的人手不多，写作这样大部头的书稿实在有点勉为其难。好在大家都有决心，齐心协力地干，几易其稿，现在终于可以面世了。

有朋友看了样稿后赞道，这是对国学精当的阐释和大胆的浅化。这当然是同道的过誉和奖掖，对我们来说实不敢当。国学博大精深，涵盖了中国固有的文化和学术，除我们涉及的子学外，还包括医学、戏剧、书画、星相、数术等方面的传统文化。若以学科分，应分为哲学、史学、宗教学、文学、礼俗学、考据学、伦理学、版本学等，其中以儒家哲学为主流。若以思想分，先秦时期就有所谓的“诸子百家”，形成了儒家、道家、法家、墨家、兵家等思想体系。我们触及的只是整个国学中的冰山一角，岂敢以偏概全？所言“精当的阐释和大胆的浅化”，倒确是我们的初衷之所在。这个“子”那个“子”，历代统治者为了一己之利，早已把他们涂抹得面目走样了，为文化自觉和自信计，非得还其原本的真相不可。在“精当”两字上，我们确是花了不少气力的。至于浅化，那更是当务之急。“提高全民族文化素质，增强国家文化软实力”，应是国策。既然这是关乎“全民”“国家”的事，岂有不浅化之理？

需要说明的是，本丛书靠的是集体的智慧和力量。除了笔者的努力外，丛书主编黄坤明先生在选题和框架构想的设定上功不可没。在编撰过程中，得到了国家图书馆、上海图书馆、中华书局、商务印书馆、人民出版社、上海人民出版社、上海古籍出版社，以及诸子故居所在地纪念馆及地方政府的支持，他们给我们提供了大量的珍贵资料和照片，也提出了许多可贵的意见。在编写过程中，我们采纳了张晓敏、江曾培、李国章、陈广蛟、秦志华等先生的许多真知灼见，有关编辑胡国友、刘寅春、李梅、李琳、贺寅、周俊、金燕峰、孙露露、王华、王凤珠等作了精到的修饰和校正，在图文合成中，得到了梁业礼、王轶颀、本本、曾初晓、卢鹏辉、卢斌等的帮助，倪培民教授为丛书简介作了英文翻译，在此一并致谢。

当然，由于作者学力有限，必有偏差、失当和粗疏之处，在此诚望方家好友不吝指教，以待重版时修正。书中的图片有的是请友人实地拍摄的，有的是购买或有关方面赠送的，在此表示谢意外，谅不一一注明了。还有极个别图片已多处使用，且署名不一，实难确定作者。有的图片虽经寻访，但仍然找不到原作者。日后这方面的工作如有所进展，定当按相关规定付以稿酬。

作者

2011年10月18日